essentials

Essentials liefern aktuelles Wissen in konzentrierter Form. Die Essenz dessen, worauf es als „State-of-the-Art" in der gegenwärtigen Fachdiskussion oder in der Praxis ankommt. *Essentials* informieren schnell, unkompliziert und verständlich

- als Einführung in ein aktuelles Thema aus Ihrem Fachgebiet
- als Einstieg in ein für Sie noch unbekanntes Themenfeld
- als Einblick, um zum Thema mitreden zu können

Die Bücher in elektronischer und gedruckter Form bringen das Fachwissen von Springerautor*innen kompakt zur Darstellung. Sie sind besonders für die Nutzung als eBook auf Tablet-PCs, eBook-Readern und Smartphones geeignet. *Essentials* sind Wissensbausteine aus den Wirtschafts-, Sozial- und Geisteswissenschaften, aus Technik und Naturwissenschaften sowie aus Medizin, Psychologie und Gesundheitsberufen. Von renommierten Autor*innen aller Springer-Verlagsmarken.

Bernd Bürger · Heidi Ellner

Generation Z und Alpha

Verstehen, gewinnen, binden – ein
Wegweiser für die Polizei

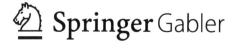

Bernd Bürger
Fortbildungsinstitut der Bayerischen
Polizei
Ainring, Bayern, Deutschland

Gesellschaft für Arbeits-, Wirtschafts-
und Organisationspsychologische
Forschung e. V.
Oldenburg, Deutschland

Heidi Ellner
Aus- und Fortbildungszentrum der
Bundespolizei in Bamberg
Bamberg, Deutschland

Dialogpartnerin bei con!flex
Qualitätstestierung GmbH
Bamberg, Deutschland

ISSN 2197-6708   ISSN 2197-6716   (electronic)
essentials
ISBN 978-3-658-44188-3   ISBN 978-3-658-44189-0   (eBook)
https://doi.org/10.1007/978-3-658-44189-0

Die Deutsche Nationalbibliothek verzeichnet diese Publikation in der Deutschen Nationalbiblio-
grafie; detaillierte bibliografische Daten sind im Internet über http://dnb.d-nb.de abrufbar.

Planung/Lektorat: Claudia Rosenbaum
Springer Gabler ist ein Imprint der eingetragenen Gesellschaft Springer Fachmedien Wiesbaden
GmbH und ist ein Teil von Springer Nature.
Die Anschrift der Gesellschaft ist: Abraham-Lincoln-Str. 46, 65189 Wiesbaden, Germany

Das Papier dieses Produkts ist recyclebar.

Was Sie in diesem *essential* finden können

- Wie ticken die jungen Generationen?
- Welche besonderen Herausforderungen muss die Polizei beim Wettstreit um die fähigen Köpfe berücksichtigen?
- Wie kann es der Polizei gelingen, die Generationen Z und Alpha zu verstehen, zu gewinnen und zu binden?
- Zahlreiche praktische Tipps sowie strategische Überlegungen zum Umgang mit den Generationen
- Wie sollte sich die Polizei auf den Arbeitsmarkt der Zukunft einstellen?

Inhaltsverzeichnis

Über die Autoren

Polizeidirektor Dr. Bernd Bürger, M.A. Kriminologie und Polizeiwissenschaft, M.A. Öffentliche Verwaltung – Polizeimanagement, ist Fachbereichsleiter Einsatz und Verkehr am Fortbildungsinstitut der Bayerischen Polizei in Ainring. Zuvor war er viele Jahre beim Unterstützungskommando der Bayerischen Polizei in Dachau in verschiedenen Funktionen im mittleren, gehobenen und höheren Polizeivollzugsdienst tätig, zuletzt war er dort von 2015 bis 2020 Kommandoführer und kam dabei in Führungsverantwortung mit der GenZ in Kontakt. Er ist Führungskräftetrainer an der Deutschen Hochschule der Polizei, trägt im deutschsprachigen Raum sowohl bei verschiedenen Polizeien als auch Unternehmen zum Thema „Generation Z: Chancen und Herausforderungen" vor. Sein zweiter Themenschwerpunkt ist die Rolle der Polizei bei Versammlungen (von Einsatzphilosophie bis zur Einsatztaktik), über den er international vorträgt und veröffentlicht. https://docbb.de, https://publicorderp olicing.com, bb@docbb.de

Heidi Ellner, Dipl.-Päd. univ., ist seit 2018 Fachlehrerin für Kommunikation und Psychologie im Aus- und Fortbildungszentrum der Bundespolizei Bamberg. Nach knapp 10 Jahren als Trainerin und Beraterin in den Branchen Bildung und Gesundheit lehrte sie als wissenschaftliche Mitarbeiterin an der Professur für Erwachsenenbildung an der Otto-Friedrich-Universität in Bamberg in Themenfelder wie Changemanagement und Kompetenzentwicklung. Begleitend ist sie seit 17 Jahren freiberuflich als Gutachterin und Dialogpartnerin der Lerner- und Kundenorientierte Qualitätsentwicklung (LQKT) tätig. Mit diesem Erfahrungshintergrund gestaltete sie von 2020–2023 das bundesweite Projekt „Integration neuer Mitarbeiterinnen und Mitarbeiter" der Bundespolizei mit. In diesem Kontext wurde die Wechselwirkung von Führung und unterschiedliche Generationen bei der Polizei in qualitativen Erhebungen sehr deutlich. Seit 2022 entwickelt sie in Zusammenarbeit mit Fachkolleginnen und Fachkollegen das Fortbildungskonzept „Generationenkompetenz – Perspektivwechsel: Wer sind die anderen?". Ziel dabei ist es, Führungskräfte für die Entwicklung der Generationen zu sensibilisieren und einen gelungenen Weg des Miteinanders zu erkennen. Mehr unter: https://bildung-als-kern.de. https://qualitaets-portal.de/gutachterinnen-beraterinnen/

In einer Zeit des rasanten Wandels, geprägt von technologischen Innovationen, weltweiten Krisen und neuen Generationen, stehen Organisationen vor der Herausforderung, sich anzupassen und zeitgemäße Arbeitsweisen zu etablieren. Dieses Buch wirft einen einzigartigen Blick auf einen Bereich, der traditionell von Ordnung und Autorität geprägt ist – die Polizei. Doch was macht dieses Werk so besonders? Zwei verschiedenartige Professionen nehmen sich der Thematik an: die eines Polizisten und einer Pädagogin. Durch diese unkonventionelle Zusammenarbeit entsteht eine Reflexion über die Generationen Z und Alpha und deren Herausforderungen in einem Umfeld, das nach neuen Ansätzen verlangt.

System-Sprenger – Generation ICH – Jammerlappen – Generation lebensunfähig

Wie die Auswahl an Schlagworten aus den Medien zeigt, ist die Wahrnehmung der jungen Generation eher negativ geprägt. Dies ist kein Phänomen der Neuzeit. Oftmals wird in diesem Kontext Aristoteles zitiert, der die Zukunft des Landes infrage stellte, da ihm die »Jugend« unverantwortlich und unerträglich erschien. Es ist völlig normal, dass sich eine neue Generation von den vorherigen unterscheidet und anders wahrgenommen wird. Und dass die Älteren diesen Prozess auf Grundlage ihres eigenen Wertekorsetts bewerten. Hätte Aristoteles damals recht gehabt, gäbe es die Menschheit heute vermutlich nicht mehr, die »Jugend« hätte uns zugrunde gerichtet. Uns gibt es aber noch und uns wird es auch nach der Generation Z (GenZ oder Zler) noch geben. Denn diese wird einfach dazu beitragen, dass wir uns als Gesellschaft weiterentwickeln und verändern und hoffentlich auch bewirken, dass ihnen und den dann folgenden Generationen noch

B. Bürger und H. Ellner, *Generation Z und Alpha*, essentials,
https://doi.org/10.1007/978-3-658-44189-0_1

ein bewohnbarer Planet bleibt, da wir Vorgängergenerationen ein schweres Erbe hinterlassen.

Von der Entstehung des Generationenbegriffs bis hin zu konkreten Maßnahmen für einen gelungenen polizeilichen Ausbildungs- und Bindungsprozesses – dieses Buch ist mehr als eine Analyse, es ist ein Aufruf zur Veränderung. Es wird dargelegt, warum sich die Polizei als Arbeitgeber im Wettstreit um die fähigen Köpfe besonders engagieren muss. Erforderliche Anpassungen der Organisation werden zum Ende des Buches in den Fokus gerückt.

Polizeidirektor Dr. Bernd Bürger wurde 2015 Kommandoführer beim Unterstützungskommando (USK) Dachau und kam in dieser Funktion zum ersten Mal in Kontakt mit der jungen Generation. Nachdem er selbst beim USK im mittleren und gehobenen Dienst sozialisiert wurde, wunderte er sich, warum viele Dinge nicht mehr wie gewohnt funktionierten, zum Beispiel, warum nach dem Dienst niemand mehr in den Gruppenzimmern anzutreffen war oder warum er regelmäßig Anrufe von Eltern bekam. Er begann sich mit den Studien auseinanderzusetzen und lernte, die GenZ zu verstehen und versuchte, dieses Verständnis im Dienst ein- und umzusetzen. Der aus diesen Erfahrungen heraus entstandene Vortrag, den er stetig weiterentwickelt und bereits bei zahlreichen Polizeien im deutschsprachigen Raum gehalten hat, ist Grundlage seiner Ausführungen in diesem Buch.

Heidi Ellner, Dipl.-Päd. univ., analysiert seit nunmehr 20 Jahren mit ihrer neugierig fragenden Grundhaltung als Bildungspraktikerin und Forscherin, wie Organisationen und Individuen lernen. Durch ihre Tätigkeit in der Ausbildung angehender Polizist*innen der Bundespolizei steht sie tagtäglich mitten im relevanten Blickfeld. Durch verschiedene hierarchie- und generationenübergreifende Workshopformate rund um das Thema »Generationenkompetenz« , Befragungen und Erfahrungen aus Beratungsgesprächen mit Auszubildenden kann sie ihre Ideen in diesem Buch auf einer breiten Datenbasis begründen.

Beide vereint der forschende Blick auf ein facettenreiches Arbeits- und Entwicklungsfeld – die Polizeien Deutschlands. Interdisziplinarität ist ein stimmiger Weg, um mit Diversität und Wandel in einem konservativen Umfeld umzugehen. Der Anspruch besteht darin, einen Wegweiser für die Zukunft der Polizeiarbeit im Zeitalter der Generationen Z und Alpha zu skizzieren.[1]

---

[1] Wir hatten für dieses Buch nur 100.000 Zeichen, entsprechend konnten wir viele Ansätze nur verkürzt darstellen und mussten uns auf wenige Quellen beschränken. Weitere Ausführungen und Quellen finden Sie unter https://docbb.de und https://bildung-als-kern.de.

Ein paar Hintergründe zur Generationendiskussion

2.1 Der Generationenbegriff: Was hat es damit auf sich?

Wer ist gemeint, wenn wir von der »Jugend« den »Millenials«, der »Generation Z« oder der »Generation Alpha« sprechen? Der Generationenbegriff hat in den Sozial- und Humanwissenschaften eine komplexe und vielschichtige Bedeutung. Aus verschiedenen Fachbereichen haben Expert*innen versucht, die Dynamik von Generationen zu verstehen und ihre Auswirkungen auf Gesellschaften zu analysieren. Die unterschiedlichen Facetten des Generationenbegriffs sollen vorweg beleuchtet werden, um im weiteren Verlauf eine Prise Klarheit in die verwirrende Welt der Klischees über Jung und Alt zu bringen (vgl. Abb. 2.1).

2.1.1 Kurze Skizze zur Entstehung des Begriffs

Um die heutige Bedeutung von Generationen zu verstehen, ist ein Blick auf die historische Entwicklung spannend. Karl Mannheim, ein Pionier der Generationenforschung, betonte die Rolle von Generationen bei der Gestaltung von Wertvorstellungen und sozialen Strukturen. Sein Werk »Das Problem der Generationen« (1964) legt den Grundstein für die Analyse von Generationen als Träger kultureller Prägungen. Neil Howe und William Strauss prägten den Begriff »Generationenzyklus« in ihrem Werk »Generations: The History of America's Future, 1584 to 2069« (1991). Hier argumentieren sie, dass Geschichte in zyklischen Mustern verläuft, die durch die Charakteristika verschiedener Generationen geprägt sind. Diese Perspektive hat Einfluss auf die aktuelle Diskussion über Generationen:

© Der/die Autor(en), exklusiv lizenziert an Springer Fachmedien Wiesbaden GmbH, ein Teil von Springer Nature 2024
B. Bürger und H. Ellner, *Generation Z und Alpha*, essentials,
https://doi.org/10.1007/978-3-658-44189-0_2

Abb. 2.1   Der Generationenbegriff. (Eigene Darstellung)

„Das, was für eine Generation charakteristisch ist – wie sie denkt, welche Werte und welche Verhaltensweisen sie ausbildet –, ist die Antwort dieser Generation auf das, was sie in der Welt erlebt" (Engelhardt & Engelhardt, 2019). Die beiden Autorinnen setzen bei ihrer Definition des Generationsbegriffs darauf, dass Werte, Einstellungen und Verhaltensweisen einer Generation in der Kindheit und im jungen Erwachsenenalter geprägt werden.

Vor dem Hintergrund aktueller Entwicklungen, wie Corona-Pandemie, Flüchtlingskrise, Fachkräftemangel, Klimakrise bis hin zu Kriegen blüht die Diskussion um die Unterschiedlichkeit der Generationen erneut auf. Der Versuch mit Unsicherheiten umzugehen, lässt verstehen, dass ein vermeintlich klares Konzept, d. h. Einteilung von Menschen in Alterskohorten und ihren jeweiligen Werten, Einstellungen und Verhaltensweisen, hilfreich sein kann, die Welt und ihre Entwicklungen verstehbarer zu machen. Es liegt die Vermutung nahe, dass die Kritik an der Jugend eine sichere Konstante in Gesellschaft und Arbeitswelt bietet, wie Achim Gilfert in seinem Blog anschaulich durch unterschiedliche Zitate darstellt:

Bereits die Summerer hielten ca. 3000 v. Chr. ihre Eindrücke zur Jugend, wie folgt, auf einer Tontafel fest: „Die Jugend achtet das Alter nicht mehr, zeigt bewusst ein ungepflegtes Aussehen, sinnt auf Umsturz, zeigt keine Lernbereitschaft und ist ablehnend gegen übernommene Werte" (Gilfert, 2015).

Auch die Ausbildungssituation ist nicht erst seit heute in der Generationendiskussion ein Thema, so gab die DIHK 1965 der Presse bekannt: *„Bei 20 % der Lehrlinge war die Beherrschung der Rechtschreibung mangelhaft. Bei weiteren 17 % konnte von einer Sicherheit in der Rechtschreibung nicht die Rede sein. Das Ergebnis im Rechnen ist noch ungünstiger" (Eberhard, 2006, S. 49).*

Die Literatur zu Generationen spiegelt die Vielschichtigkeit und Dynamik dieses Begriffs wider. Von Mannheim über Howe und Strauss bis zu zeitgenössischen Autoren (u. a. Maas, 2021; Hurrelmann, 2018; Schnetzer et al., 2023) bieten verschiedene Perspektiven Einblicke in die Prägung von Generationen und deren Einfluss auf die Gesellschaft. Die fortlaufende Diskussion und die Entwicklungen in der Literatur zeugen von der Relevanz, den Generationenbegriff in einem ständig wandelnden sozialen Kontext zu verstehen.

2.1.2   Kritik am Generationenbegriff

„Die Boomer sind verschwenderisch und haben mit ihrer Nach-uns-die-Sintflut-Lebenshaltung den Kampf gegen die Klimakrise um Jahrzehnte verschleppt. Die Millennials sind anmaßend und faul. Die Generation Z ist anstrengend woke und moralisierend. Meistens wird ein Generationenbegriff eher negativ benutzt, dementsprechend sind auch die Eigenschaften, die der jeweiligen Generation zugeschrieben werden, keine guten" (von Cranach, 2023).

Costanza et al. (2023) bringen die wissenschaftliche Kritik am Generationenkonzept auf den Punkt: Der Generationenbegriff erfasst nicht die Vielfalt der Individuen, die in einer Gruppe zusammengefasst werden. Statistisch gibt es oft mehr Variabilität innerhalb einer Generation als zwischen diesen. Aufgrund dieser Vielzahl an methodischen und statistischen Problemen gibt es ernsthafte konzeptionelle Bedenken, die gegen die Nutzung des Generationenbegriffs sprechen. Zudem birgt die Verwendung des Begriffs die Gefahr der Diskriminierung (»der Alten« oder »der Jungen«).

In die Generationenforschung fließen trotz der Einschränkungen des Konstrukts viele Gelder, denn insbesondere für zwei Interessensgruppen sind die Bedürfnisse der Menschen besonders relevant: für das Marketing, um Produkte möglichst zielgerichtet bewerben und verkaufen zu können und für die Arbeitgeber, die sich in einem immer kleineren Markt an potenziellen Arbeitnehmern (vgl. Abschn. 3.1) die besten Köpfe sichern müssen, um ihre wirtschaftliche Zukunft zu sichern.

2.1.3   Reflektierter Generationenbegriff

Trotz aller berechtigter Kritik, Generationen sind eine praktische Heuristik für ein schnelles, wenn auch ungenaues Verständnis ansonsten komplexer menschlicher Verhaltensmuster und deswegen werden die Begriffe tagtäglich verwendet, sie sind in aller Munde, entsprechend muss man schon aufgrund der normativen Kraft des Faktischen mit ihnen arbeiten. Dabei ist es aber von zentraler Bedeutung, dies mit der gebotenen Vorsicht und Reflexivität zu tun:

»Die« Generation gibt es nicht, sondern eine Generation setzt sich aus vielen verschiedenen Individuen mit unterschiedlichen sozialen und ökonomischen Rahmenbedingungen zusammen, wie es auch die Sinus Lebensweltstudien eindrücklich darlegen (Calmbach, 2023). Wenn man den Begriff nutzt, muss man sich also bewusst machen, dass man einen konstruierten Begriff für eine Vielzahl von Individuen nutzt, ähnlich wie wenn man »die« Bayern oder »die« Österreicher beschreibt. Es gibt also eine hohe Standardabweichung. Gleichwohl können diese Konstrukte helfen, übergreifende Einstellungen und Entwicklungen zu verstehen, wenn man sich diese Abweichung bewusst macht und man anhand der verfügbaren Studienlage die vereinfachten Zuschreibungen entkräftigt und sich mit den tatsächlichen Einstellungen und Bedürfnissen der Generationen beschäftigt. Dabei ist es wichtig, immer die aktuellen Studien heranzuziehen, denn auch »die« GenZ entwickelt sich weiter, Werte und Einstellungen verändern sich.

2.2   Einstellungen und Erwartungen der GenZ

In diesem Kapitel werden die Einstellungen und Erwartungen der GenZ auf Grundlage der aktuellen Studienlage beschrieben (u. a. Hurrelmann, 2018; Maas, 2023b; Schnetzer et al., 2023). Sie umfasst die Geburtsjahrgänge 1995 bis etwa 2010 und die Bezeichnung Z ist die konsequente Fortführung der ab der Generation X[1] (1965–79) vergebenen Buchstaben. Die Generation Y (1980–95) wird auch als Millennials, Digital Natives oder Mobile Pioneers bezeichnet. »Dem Y« wurde auch die Bedeutung »Why« zugeschrieben, weil die Generation gerne den Sinn von Arbeit hinterfragt. Der Buchstabe Z wird oft mit Zombie in Verbindung gebracht, weil die Angehörigen der Generation nur auf ihr Smartphone schauend wie die Zombies durch die Straßen wanken (Scholz, 2014). Wir bevorzugen allerdings die Konnotation »Z wie Zukunft«.

---

[1] Der Buchstabe X wurde von Douglas Copland mit seinem Romantitel „Generation X: Tales for an Accelerated Culture" eingeführt und hat sich durchgesetzt.

Bei der folgenden Zusammenfassung der Eigenschaften der Generationen und insbesondere der GenZ ist, wie zuvor bereits angesprochen, zu berücksichtigten, dass es innerhalb der Generationen eine hohe Standardabweichung gibt.

Die nächste Generation Alpha (ab 2012 geboren) wird dabei nicht explizit betrachtet, denn eine Studie von Maas (Maas, 2023a) zeigt, dass sich aktuell keine gravierenden Abweichungen zur GenZ ergeben. Entsprechend hoch bleibt der Druck, sich mit »den Jungen« auseinanderzusetzen, deren Bedürfnisse zu verstehen und zu erkennen, woher diese rühren.

2.2.1 #²Eltern

Die GenZ wächst in einem ganz besonderen Umfeld auf. Die Eltern sorgen sich um ihre Kinder und wollen sie unterstützen. Dabei meinen sie es oft zu gut, packen sie in Watte, mischen sich in die Konflikte der Kinder ein und lösen diese. Wer einmal bei einem Elternabend war, hat es schon erlebt. Hatte ein Kind vor 30 Jahren schlechte Noten, gab es von den Eltern meist richtig Ärger für das Kind. Heute haben bei schlechten Noten die Lehrer*innen den Ärger. Das führt dazu, dass – und das realisieren auch die Polizeien bei der Ausbildung der Zler – diese sowohl weniger konfliktfähig als auch selbstständig sind (vgl. 6). Doch auch nach der Ausbildung kann es durchaus vorkommen, dass sich die Eltern beim Dienststellenleiter melden, um Angelegenheiten für ihr »Kind« zu klären (vgl. Abschn. 4.3.2).

Dazu kommt, dass die Zler auch sehr genau beobachten, wie ihre Eltern arbeiten. Die, ihrerseits meist aus der Generation X stammend, arbeiten nämlich viel und mit hohem Engagement. Sie interpretieren Work-Life Balance oft nicht als Waage zwischen den beiden Elementen, sondern eher nur als mahnenden Hinweis, doch auch noch ein bisschen auf das Privatleben zu achten. Das hat zwei Folgen: Zum einen haben die Eltern (und deren Eltern) einen guten finanziellen Sockel aufgebaut und oft auch Eigentum erwirtschaftet. Dies bedeutet einen gewissen Wohlstand, den die Zler in ihre eigene Lebens-Arbeits-Wirtschaftskalkulation mit einfließen lassen können. Sie haben ein gutes Polster und müssen daher nicht um jeden Preis eine Arbeit annehmen, um gut zu leben.

---

² In Analogie zur Nutzung in der digitalen Welt wird das Symbol „#", als Hashtag bezeichnet vor einem Wort oder einer Phrase ohne Leerzeichen verwendet, um Themen zu markieren oder zu kategorisieren.

Zum anderen sehen sie auch, wie wenig Zeit die Elterngeneration für die Familie hat, wie viele sich bis zum Burnout in der Arbeit verlieren. Das kann – zu Recht – nur schlecht als erstrebenswertes Vorbild dienen.

2.2.2   #Smartphone

Der zweite große Einflussfaktor bei den Zlern, den sogenannten Digital Natives, ist das Smartphone, mit dem sie aufwachsen. Und das wirkt auf vielen Ebenen:
Viele können das Handy nicht mehr weglegen. Es ist der Dauerbegleiter geworden – kein Wunder, denn jedes »Bing« gibt einen kleinen Schuss Glückshormone. Denken Sie mal kurz an das Geräusch Ihres Handys, wenn Sie eine Nachricht bekommen. Spüren Sie es? Wenn man beginnt, sich diese Kicks erst im Erwachsenalter zu geben, wenn die großen Rillen im Gehirn bereits gespurt sind, bekommt man die Nutzungsdauer mehr oder weniger gut unter Kontrolle. Schwieriger ist das, wenn diese Verknüpfung »Smartphone in der Hand« und Glücksgefühle (z. B. beim Empfangen von Nachrichten oder Likes, dem Spielen auf dem Gerät) in jungen Jahren geknüpft wird, dann ist die Gefahr der Ausprägung einer wirklichen Sucht sehr hoch (deutschlandfunk.de, 2018). Darüber hinaus erhöht die exzessive Nutzung sozialer Medien auch die Gefahr von anderen psychischen Erkrankungen, wie Depressionen (Boers et al., 2019; Primack et al., 2021).

Mehr Handy, mehr PC, mehr Konsole, weniger Sport. Entsprechend scheitern immer mehr an den Einstellungssporttests der Polizeien, deren Anforderungen entsprechend gesenkt werden müssen, um genug Personal rekrutieren zu können (SZ, 2022).

Musste man früher noch in die Stadt fahren und sich beraten lassen, um etwas zu kaufen, fragt man heute sein soziales Netzwerk oder schaut einfach, was die angesagten Influencer so benutzen und bestellt das bei Amazon. Der Aufwand zur Zielerreichung: gering!

Wollte man früher eine Dame bzw. Herren kennenlernen, musste man in eine Bar oder eine Disco (heute »Club«) gehen, hat dann vielleicht noch ein bis zwei Mutmacher getrunken und stand dann vor der Schwierigkeit, ein Gespräch anzufangen und möglichst erfolgreich am Laufen zu halten (hoher Aufwand und notwendiges Lernen direkter sozialer Interaktion). Heute sieht man nur das typische Wischen – von links nach rechts oder umgekehrt. Dann noch ein paar kurze Texte geschrieben und dank z. B. Tinder ist alles ausgemacht. Aufwand gering, richtige soziale Interaktion ebenso.

Zudem wird durch die vielfältigen Selbstdarstellungen im Netz der Druck zur Selbstoptimierung erhöht. Dadurch werden Begegnungen und das soziale Miteinander in der realen Welt erschwert. Alle können bearbeitete Bilder und Nachrichten verbreiten. Das macht authentische Begegnungen und das soziale Miteinander deutlich schwieriger. Der Polizeiberuf lebt aber genau von der Interaktion mit anderen Menschen in nicht geschönten Lebenssituationen.

2.2.3 #Privat- und Arbeitsleben

Dies alles trägt dazu bei, dass den Zlern Familie und Freunde (echte Freunde, nicht die Follower, die mal etwas liken oder die Tinderbekanntschaften) besonders wichtig sind. Deswegen möchten sie möglichst heimatnah arbeiten, viel hochwertige Zeit mit Familie und echten Freunden verbringen, statt einen zu großen Teil ihrer Lebenszeit und -energie in die Arbeit zu stecken.

Sie möchten mehr Qualitätszeit mit Familie und Freunden, deswegen

- sind sie weniger mobil, denn (unbezahlte) Fahrtzeit kostet Zeit
- finden sie eine 40-h-Woche verrückt, sondern bevorzugen eine Viertagewoche
- reißen sie sich nicht um hohe Führungspositionen, in denen Arbeitszeit entgrenzt ist und in denen sie für eine Vielzahl von Menschen de facto 24/7 verantwortlich sind.

Die Generation legt Wert auf »Work-Life-Seperation« also eine klare Trennung von Beruf und Freizeit, die (durch dieses Konstrukt) auch zu einer wirklichen »Work-Life-Balance« führt.

Dabei ist es falsch, dass die Generation faul wäre – alles seriösen Studien zeigen, dass sie ehrgeizig und leistungswillig sind, für sie gibt es aber mehr als Arbeit, sie messen den für sie so wichtigen menschlichen Beziehungen einen sehr hohen Stellenwert zu. Und die Situation auf dem Arbeitsmarkt sowie der noch vorhandene Wohlstand ermöglichen es, dass sich die junge Generation diese Forderungen leisten kann und dass viele Arbeitgeber darauf eingehen müssen, um Personal zu bekommen. Neu ist zudem, dass die Loyalität gegenüber den Arbeitgebern schwindet (IWD, 2023; Wunderlich, 2021). Auch bei gut ausgebildeten Polizeibeamt*innen steigen die Kündigungszahlen deutlich.

2.2.4   #Krisengeprägt

Eine der neueren Studienergebnisse ist die Krisenbelastung der Generation und deren Auswirkungen. Covid, der Krieg mitten in Europa und in Gaza, Inflation, die deutlich spürbaren Auswirkungen des Klimawandels, der mögliche Kollaps des Rentensystems und die Sorgen um den Wohlstand beinträchtigen die Generation. Das stresst und gefährdet die psychische Gesundheit[3] (Schnetzer et al., 2023). In Kombination mit den Risiken der Smartphonenutzung (vgl. Abschn. 3.2) müssen sich die Arbeitgeber*innen darauf einstellen, ihre Arbeitnehmer*innen bei der Bewältigung dieser Herausforderungen zu unterstützen, damit diese an den Beeinträchtigungen nicht erkranken.

---

[3] Die großen psychischen Belastungen der jungen Generation in Deutschland sind, wie schon vor einem halben Jahr, Stress (41 %), Antriebslosigkeit (31 %), Erschöpfung (29 %), Depression / Niedergeschlagenheit und Selbstzweifel (mit jeweils 26 %). (Schnetzer et al., 2023).

3.1 Der Wettstreit um die fähigen Köpfe

Die GenZ ist die kleinste Nachkriegsgeneration (Statista, 2023). Und sie werden nicht mehr. Deswegen ist der Fachkräftemangel jetzt schon spürbar, aber das ist erst der Anfang. Bis 2030 wird sich die Zahl der Erwerbstätigen im Alter von 18 bis 64 Jahren um 11,8 % verringern (BMDV, 2022).

Entsprechend reißen sich alle Arbeitgeber*innen um diejenigen in dieser Generation, die in unseren sehr komplexen Arbeitsmarkt potenziell Leistung erbringen können: Fachkräfte. Und genau diese benötigt auch die Polizei in ihrem herausfordernden Beruf, der vieles fordert, unter anderem eine herausragende Problemlösungskompetenz, die Fähigkeit komplexe Sachverhalte in juristisch verwertbare Texte zu erfassen und ein hohes Maß an sozialer Intelligenz und Kommunikationsfähigkeit. Und dies ist nur ein kleiner Auszug – zeigt aber, dass Menschen mit diesen Fähigkeiten nicht nur für den Polizeiberuf geeignet sind, sondern für viele Arbeitgeber attraktiv sind. Aber – und das ist das Entscheidende: Im Vergleich zu vielen anderen Arbeitgebern hat die Polizei besondere Hürden (vgl. Abb. 3.1).

3.2 Hürden für den Arbeitgeber Polizei

- **Sportliche Fitness und Ausdauer:** Polizist*innen bedürfen eines Mindestmaßes an körperlicher Fitness und Ausdauer, sollten eine*r Einbrecher*in zumindest ein paar Meter hinterherlaufen und auch ansonsten samt Ausrüstung mehrmals aus dem Streifenwagen ein- und aussteigen können, ohne einen Bandscheibenvorfall zu bekommen.

B. Bürger und H. Ellner, *Generation Z und Alpha*, essentials,
https://doi.org/10.1007/978-3-658-44189-0_3

Abb. 3.1 Die Polizei im Wettkampf um die fähigen Köpfe. (Eigene Darstellung)

- **Psychische Belastung:** Polizist*innen müssen hohe psychische Belastungen ertragen. Seien es traumatische Ereignisse, Widerstände, Verletzungen im Dienst, Leichen, schwere Verkehrsunfälle, abschätzige, verächtliche Behandlung, ungerechtfertigte Beschwerden oder der regelmäßige Blick in die Abgründe der Gesellschaft. Oder auch die manchmal gefühlte Ohnmacht in bestimmten Situationen einfach nichts tun zu können. Und dabei ruhig und gelassen bleiben – eine kognitive Hochbelastung. Das macht den Polizeiberuf fast einzigartig anspruchsvoll.
- **Schichtdienst und 40-h-Woche:** Beides zwar kein Alleinstellungsmerkmal, aber beides nicht attraktiv. In der Kombination sogar abschreckend. Zusammen mit der Arbeitsbelastung übrigens auch aus Sicht der Arbeitswissenschaften völlig absurd (Bürger & Nachreiner, 2019).
- **Zuwanderung/Outsourcing:** Während andere Branchen auf Zuwanderung oder Outsourcing setzen bzw. ausweichen können, ist das für die Polizei kaum möglich.

Dabei hat ein Trend die Polizeien kalt überrascht: Für die ZIer ist der Polizeiberuf nicht automatisch Berufung und Lebenszeitberuf, so wie es für viele Ältere der

Fall ist. Folglich steigen die Kündigungszahlen bei den Polizeien deutlich (Hörmann, 2022), ein neues Phänomen für eine vom Berufsbeamtentum geprägten Organisation, dem es nachzugehen gilt (vgl. Abschn. 5.2.3).

Entsprechend muss den Polizeien eines bewusst werden: Auch wenn sie ein paar vorteilhafte Aspekte vorweisen können (z. B. Arbeitsplatzsicherheit), haben sie im Vergleich zu ihrer Konkurrenz auf dem Arbeitgebermarkt besondere Herausforderungen, sie müssen also auch besonders große Anstrengungen unternehmen, die jungen Menschen zu gewinnen, auszubilden und zu halten. Zahlreiche Anregungen, wie das gehen kann, haben wir hier zusammengetragen.

Perspektivwechsel: Welcher Veränderungen bedarf es in der Polizei?

4

Um zu verstehen, welche Veränderungen erforderlich und erfolgreich sein können, empfiehlt es sich, einen sogenannten Employee-Experience (EX)-Ansatz zu wählen (Gillies, 2023). EX-Design ist eine Methode, einen Perspektivwechsel durchzuführen und den Arbeitgeber aus der Sicht eines Mitarbeitenden zu betrachten, ihn dabei aber wie eine*n Kund*in/en in den Mittelpunkt zu stellen, mit dem Bestreben, ein möglichst rundes Erlebnis zu bieten. So können zahlreiche Optimierungspunkte identifiziert und aktiv sowie gezielt weiterentwickelt werden.

4.1 Gestalten mit allen und für alle

Dabei ist es wichtig, die Maßnahmen nicht nur für die junge Generation zu entwickeln, sondern

- soweit immer möglich, mit ihr (vgl. Abschn. 6.4.1). Man sollte die Generation und ihre Bedürfnisse ernst nehmen, das macht man am besten, indem man zuhört und mit ihr gestaltet.
- nicht zu vergessen, dass die älteren Mitarbeitenden die Organisation bislang am Laufen gehalten haben. Daher sollten auch diese unbedingt bei den Veränderungsprozessen mitgenommen werden und diese mitgestalten. Dabei muss deutlich werden: »Wir verändern uns nicht für die Jungen, sondern, weil es überfällig ist und wir tun das für euch alle!« (vgl. 8, vgl. Abb. 4.1).

B. Bürger und H. Ellner, *Generation Z und Alpha*, essentials, https://doi.org/10.1007/978-3-658-44189-0_4

Abb. 4.1 Nur gemeinsam (mit allen Generationen) sind wir stark. (Eigene Darstellung)

4.2   Generationenkompetenz entwickeln

Leider fördert die Nutzung des Generationenbegriffs, so wie alle zu groß geratenen Denkschubladen, auch die Nutzung pauschalisierter Vorurteile (vgl. Abschn. 2.1.2). Entsprechend bedeutsam ist es, mit diesen Vorurteilen aufzuräumen. Das beginnt, indem insbesondere den älteren Generationen vermittelt wird, was es denn mit »der« GenZ so wirklich auf sich hat. Denn Klagen über die Generation, die nur die 4-Tage-Woche und wenig Belastung in der Arbeit möchte, hört man häufig, auch von Personalchefs. Aber nur, wenn man versucht zu verstehen, warum »die jungen Leute« so sind, wie sie sind, wird es den Arbeitgebern gelingen, sie für ihre Arbeitsangebote zu begeistern und im Unternehmen zu binden. Folglich gilt es aufzuklären:

„Die jungen Leute wollen nicht viel arbeiten, keine Führungsverantwortung mehr und niemand geht die Extrameile. Meine Standardantwort darauf: Tja, die haben sich uns angeschaut und keine Lust auf Tinnitus und Burnout mit Mitte 30. Vielleicht sind die einfach schlauer als wir." (Schell, 2023)

Diesen Wunsch nach weniger Arbeit nachzuvollziehen, ist gerade für die aktuelle Chefgeneration, die Boomer und viele der älteren GenXler, manchmal schwierig, vor allem, da sie selbst darunter leiden, und das auch noch doppelt. Als sie jung waren und versucht haben, Zeit für Familie und Karriere unter einen Hut zu bekommen, hatten sie keine echte Chance. Es gab nur »entweder-oder«. Und jetzt, nachdem sie sich die Karriereleiter unter vielen Entbehrungen nach oben gearbeitet haben und vielleicht selbst ein wenig kürzertreten könnten, geht das wieder nicht: Die VUKA-Welt[1] fordert alle und die jungen Führungskräfte, wenn diesen Schritt überhaupt noch jemand gehen mag (vgl. Abschn. 7.5), die sich jetzt voll einbringen könnten, machen Elternzeit, reduzieren ihre Arbeitszeit oder möchten ein Sabbatical – was die Älteren nun wieder auffangen müssen.

Es geht also auch darum, den Jungen zu erklären, warum »die Alten« so ticken, wie sie ticken, warum sie sich gerne aufarbeiten, in welcher Organisationkultur sie groß geworden sind und was sie entsprechend geprägt hat. Dann wird leichter nachvollziehbar, warum sich manche schwer tun, »einen Anschiss« als konstruktives Gespräch zu führen. Es gilt also gegenseitiges Verständnis zu fördern und mit den pauschalen Vorurteilen aufzuräumen, denn alle Generationen haben viel Unterschiedliches zu bieten. Die synergetische Nutzung aller dieser Stärken ist nicht anderes als gelebte Diversität und eine große Chance für alle, die verstehen dies zu fördern.

4.3   Mindset zum Umgang und zur Führung der GenZ

Im polizeilichen Alltag hört man immer wieder im Zusammenhang mit der GenZ: »Die ziehen wir uns schon« und »Wir mussten früher auch durch den Graben kriechen«. Dabei bleibt schleierhaft, wie denn das »durch den Graben kriechen« dazu beigetragen haben soll, gute Polizist*innen auszubilden. Und wir werden uns die Generation auch nicht ziehen, wir können sie nur **er**ziehen, das bedeutet mit wertschätzender Sozialisation dazu bringen, unsere Organisationskultur

---

[1] Mit dem Akronym „VUKA" (Volatilität, Unsicherheit, Komplexität und Ambiguität) werden die Herausforderungen der modernen, globalisierten und digitalen Arbeitswelt beschrieben.

zu verstehen, zu verinnerlichen und »gute Cops« zu werden. Dabei müssen wir verstehen, dass früher nicht alles besser war. Es war anders.

4.3.1   Amtsautorität ist ein Auslaufmodell

Amtsautorität war noch nie ein guter Führungsstil! Aber er hat funktioniert. Zwar mehr schlecht als recht, aber die Grundfunktion der Polizei konnte man so irgendwie aufrechterhalten. Allerdings schon immer auf Kosten einer lernenden, agilen und leistungsfähigen Organisation. Aber die älteren Semester haben das mitgemacht und jeder kennt die Antwort auf neue Ideen: »Das haben wir noch nie so gemacht«, »Das haben wir schon immer so (anders) gemacht« und »Wo kommen wir denn da hin«. Ganz neu: »Das kannst du machen, wenn ich im Ruhestand bin«. Das hat leider lange irgendwie funktioniert (und wirkt oft noch nach), aber schon die Millenials fanden das nicht mehr gut. Die Zler noch viel weniger. Und während ältere Kolleg*innen das kennen und aushalten, suchen sich die Zler einfach einen neuen Job auf einem Arbeitsmarkt, der sie mit Handkuss nimmt.

Was kann besser funktionieren? Die Jungen akzeptieren Fachautorität in der Führung. Das heißt konkret: Ihre Vorgesetzten überzeugen durch Kompetenz. Sie sind offen für Vorschläge, sie nehmen die Jungen ernst und können erklären, aus welchem Grund etwas nicht umgesetzt werden kann.

4.3.2   Vom Lehrmeister oder Vorgesetzten zum Coach

Für jede*n Einzelne*n, die*der in der Polizei arbeitet, ist es wichtig zu verstehen, wie groß ihr*sein Einfluss darauf ist, ob sich die jungen Menschen in der Polizei wohl fühlen und ob sie bereit sind, sich entsprechend weiterzuentwickeln oder – resignieren und den Beruf wechseln. Die grundlegende Schlussfolgerung für die Polizei muss sein, im Rahmen der Ausbildung dazu beizutragen, die Jungen flügge zu machen und sie aus dem warmen Nest der Behütetheit in die Selbstständigkeit und auch Konfliktfähigkeit zu führen. Das wird mit einem »einem Tritt in den Hintern« nicht funktionieren. Mit folgenden Ansätzen kann die Integration der neuen Mitarbeitenden gelingen:

- **Bewusste Sprache:** »Old-School«-Sprüche sollte man aus seinem Repertoire streichen. Gunnery Sergeant Hartman[2] war schon 1987 nur bedingt witzig und wäre heute untragbar, abgesehen davon würde niemand mehr für so einen »Schleifer« arbeiten. Aber auch bei harten Ansagen (»Anschiss«) sollte man vorsichtig sein. Manche argumentieren, dass es das brauche und dass das noch niemandem geschadet hätte. Eine schwierige Diskussion, aber ganz ehrlich: Braucht es das wirklich, oder genügt nicht eine sachliche Darlegung dessen, was aus der eigenen Perspektive heraus nicht funktioniert hat, inklusive des Aufzeigens oder Erarbeitens von Lösungen und ggf. Konsequenzen. Und sollte einem mal der Kragen platzen, spricht doch auch nichts dagegen, das im Nachgang anzusprechen und sich für die Art und Weise der Vorbringung der Kritik zu entschuldigen. Ein großer Schritt und vorbildlich in Sachen Fehlerkultur.
- **Sinnhaftigkeit** selbst hinterfragen und Sinn stiften: Schon der GenY war und ist Sinnerleben in der Arbeit wichtig und ist ein essenzieller Faktor für Motivation (Ebner, 2019). Das gilt ebenso für die GenZ. Deswegen ist es wichtig, den Sinn hinter den Dingen zu erklären, warum man beispielsweise bei einem Lehrgang für Spezialkräfte gleich nach dem Frühstück zwei Kilometer zur Wache sprinten und dann während Liegestützen und Kniebeugen Rätsel lösen muss? Diese Frage müssen sich zunächst die Ausbilder*innen selbst stellen und wenn sie die Frage beantworten können, dann sollten sie das den Teilnehmenden erklären, z. B. »Das kann im Einsatz auch vorkommen und wir wollen Euch darauf vorbereiten, spontan aus der Ruhephase hohe Leistung zu bringen, um dann, an der Wache angelangt, fähig zu sein, auch unter körperlicher Belastung kognitive Leistung abzurufen. Das muss trainiert werden«. Ohne eine solche Erklärung kann diese Trainingseinheit als willkürliche Schikane wirken. Und ganz nebenbei: Wer didaktisch professionell arbeitet, liefert eine sinnvolle Lernbegründung mit (Holzkamp, 1995).
  Diese „Sinnerforderlichkeit" gilt für alle Bereiche: Kann nicht plausibel erklärt werden, warum man
  - für ein Bagatelldelikt eine Stunde lang alle möglichen Masken ausfüllen muss, wenn das auch wesentlich einfacher ginge,
  - auf einer Demonstration eingesetzt wird, auf der nichts los ist,
  - hochqualifiziert, nach einer fordernden Ausbildung, regelmäßig mehrere Stunden Objekte schützen muss,

---

[2] Gunnery Sergeant Hartman ist der Militärausbilder aus dem Film „Full Metal Jacket", der durch seine markigen und erniedrigenden Sprüche bekannt wurde, z. B.: „Ich bin Gunnery Sergeant Hartman und zuständig für eure Grundausbildung! Von nun an werdet ihr nur reden, wenn ihr angesprochen seid! Und das erste und das letzte Wort aus eurem dreckigen Maul wird Sir sein! Habt ihr Maden das verstanden?"

- irgendwelche Tätigkeiten, wie die Anzahl von Kontrollen order durchgeführte »Alkotests« in einer Liste (»Kuhhaut«) eintragen muss,
- Konzepte erarbeiten darf, die niemand liest,
- jedes Jahr einen Belehrungsakt unterschreiben muss, in dem schon lange niemand mehr weiß, was da überhaupt alles drin steht,
- ständig Emails bekommt, die ellenlang sind, weil sie zigfach weitergeleitet wurden, um dann festzustellen, dass die Information einen überhaupt nicht tangiert, u. v. m., dann sollte man diese Prozesse überdenken.

- **Sensibel sein** (inner- und außerdienstliche Belastungen): Die Zler sind meist sehr behütet, ohne große Konflikte, aufgewachsen. So schwer vorstellbar dies für ältere Polizist*innen sein mag: Ein hartes Selbstverteidigungstraining mit einer zwar nicht gewollten, aber erlittenen Verletzung kann zu einer Traumatisierung führen. Gleiches gilt für viele andere belastenden Dinge, die man im Polizeiberuf erlebt (vgl.Abschn. 3.2). Umso wichtiger ist es, in dieser Hinsicht sensibel zu sein, nicht den eigenen Maßstab anzulegen und die jungen Kolleg*innen dabei zu unterstützen, an diesen Erlebnissen zu wachsen.

  Dabei sind viele auch außerdienstlich belastet, Zukunftsängste sowie die digitale Welt mit ihrem Sucht- und Depressionspotenzial führen zu psychischen Belastungen (vgl. Abschn. 2.2.4) und auch dafür sollten gute Arbeitgeber Unterstützungsressourcen zur Verfügung stellen.

  Für Führungskräfte ist es bedeutend, entsprechend sensibel zu sein, für die Organisation gilt es, genügend Ressourcen für sozioemotionale Unterstützung vorzuhalten.

- **»Selbstverständlichkeiten« loben:** Auch wenn es manchmal schwerfällt, weil es für viele selbstverständlich sein mag: Am Ende der Schicht noch einen Unfall aufzunehmen und deswegen zwei Stunden länger zu arbeiten oder als »Junge/r« den Streifenwagen aufzurüsten kann man loben. Wie wäre es mit einem »Danke«? Es würde sich jeder darüber freuen und gerade für die junge Generation ist Wertschätzung so wichtig. Sie sind es gewohnt, für einen Post, ein Bild, eine Nachricht ein Herz zu bekommen. Und ganz ehrlich: Es würde der Organisationskultur auch guttun, wenn wir das oft noch praktizierte Paradigma »Nicht geschimpft ist gelobt genug« hinter uns lassen würden.

- **Enorme Bedeutung sozialer Faktoren:** Sich in der Arbeit wohlfühlen, sich wertgeschätzt und als Teil eines gesunden Teams fühlen, gemeinsam Kochen in Form des behördlichen Gesundheitsmanagements und die Kumulation der vorgenannten Merkmale sind wichtig, um die junge Generation an uns als Arbeitgeber zu binden und das Beste: Auch die älteren Kolleg*innen werden sich freuen.

- **Organisationskultur erklären:** Warum tickt die Polizei so, wie sie tickt? Warum kann es passieren, dass einer Ausbilderin/einem Ausbilder mal die Hutschnur durchbrennt und es eine ordentliche Ansage gibt, auch wenn das nicht unserem Führungsleitbild entspricht? Warum gibt es manchmal Situationen, in denen nicht mehr Sinn erklärt werden kann, sondern einfach schnell auf Anordnung gehandelt werden muss? Warum muss man so viel schriftlich dokumentieren, obwohl in den Werbevideos nur Hunde, SEK, Hubschrauber und Spurensicherung zu sehen sind, aber niemand vor dem PC? Warum müssen wir auch die Versammlungen »Rechter« schützen und warum lassen wir die letzte Generation nicht unseren Planeten retten? Unsere Organisationskultur ist so komplex und vielschichtig, wir müssen sie erklären, die Jungen an die Hand nehmen und deren Sozialisation in diese Kultur aktiv gestalten. Denn eines muss uns Älteren bewusst sein: Unsere Selbstverständlichkeiten greifen nicht mehr, unser Wertekorsett überträgt sich nicht automatisch mit dem Anlegen der Uniform. Wir müssen uns selbst unsere Erwartungshaltungen bewusst machen, diese verbalisieren und dann erklären. Und aus eigener Erfahrung kann der Autor ergänzen: Wenn man zu Beginn der Ausbildung anspricht, dass man weiß, dass die jungen Kolleg*innen ein sehr gutes Verhältnis zu ihren Eltern haben, aber man darum bittet, dass sie nicht die Eltern anrufen, wenn irgendetwas nicht passt, sondern sich selbst mit ihren Vorgesetzten reden sollen, reduziert das die Anrufe von Eltern (um beispielsweise nachzufragen, wie es sein kann, dass der Sohn bei einer Selbstverteidigungseinheit leicht verletzt wurde) deutlich.
- **Regeln und Grenzen erklären und konsequent durchsetzen:** Die vorgenannten Punkte sollten dabei nicht mit einem laissez-fairen Führungsverhalten und einem »wir müssen alle bis zur Pension pampern« verwechselt werden. Es geht von Anfang an darum, zum einen unsere Organisationkultur zu erklären, zum anderen aber auch die Regeln und Grenzen aufzuzeigen und konsequent durchzusetzen. Sozialisation, gute Erziehung bedeutet genau das: mit viel Empathie und Wertschätzung erklären, wie die Welt funktioniert, abweichendes Verhalten konstruktiv aufzuarbeiten, aber bei massiven Regelverletzungen auch entsprechend klare Kante zu zeigen.

Diese Ansätze lassen sich nicht nur aus der Studienlage ableiten, sondern konnten auch durch eine Befragung von Auszubildenden im Fachunterricht Psychologie bestätigt werden (vgl. Tab. 4.1).

Tab. 4.1 Was macht eine gelungene Führungskraft aus? (Grundlage: Befragung im Fach Psychologie von 221 Auszubildende*n des mittleren Dienstes im 1. Ausbildungsjahr beim Bundespolizei Aus- und Fortbildungszentrum Bamberg, Stand 12/2023)

Kategorie	Elemente/Hauptkriterien	Beispielaussagen
Zwischenmenschliche Fähigkeiten	Authentizität, Respekt, Empathie, Verständnis, Humor, Freundlichkeit, Einfühlungsvermögen, Offenheit	„Versteht Spaß, kümmert sich um das Wohlergehen seiner Auszubildenden, weiß, wann er ernst sein muss"
Fachliche Kompetenz und Professionalität	Kompetenz, Fachwissen, klar strukturiert, genaue Anweisungen geben, Praxiserfahrung, Organisationsfähigkeit	„Wenn er/sie emphatisch ist. Wenn er/sie mir die Inhalte verständlich beibringt"
Respekt und Gleichbehandlung	Fair, kein respektloses Verhalten, konsequentes Handeln	„Sie muss die Verantwortung übernehmen und sich durchsetzen. Bei ihrer Meinung bleiben, auch wenn nicht jeder zufrieden damit ist. Auch etwas Strenge ist gut, um die Disziplin zu halten, gleichzeitig aber auch verhältnismäßig und fair zu handeln"
Teamarbeit und Zusammenhalt	Teamfähigkeit, Zusammenhalt fördern, Kollegen fördern, Offenheit für Fragen und Probleme im Team	„Eingehen auf angesprochene Probleme, trotz gewisser Strenge menschlich bleiben"
Kommunikation und Feedback	Klare Kommunikation, konstruktives Feedback geben, offen für Fragen und Probleme sein, Neutralität in angespannten Situationen wahren	„Eine gute Führungskraft sollte zu jeder Zeit auf seine Unterstellten achten und ein offenes Ohr für sie haben, falls es Probleme gibt. Des Weiteren sollte eine Führungskraft auf gleicher Augenhöhe kommunizieren und sich nicht für etwas Besseres halten"

(Fortsetzung)

Tab. 4.1 (Fortsetzung)

Kategorie	Elemente/Hauptkriterien	Beispielaussagen
Vertrauen und Verlässlichkeit	Vertrauen schaffen, Rückmeldung über Leistung geben	„Verantwortungsbewusstsein, Einstehen für seine Leute, Entscheidungen positioniert treffen, Klarheit verschaffen"
Zielorientierung und Motivation	Zielorientierung, Motivation der Mitarbeiter/ Auszubildenden	„Sich für uns einsetzen und uns motivieren"

»Recruiting« und »Boarding«: Wie gewinnen wir die GenZ?

Die demografische Entwicklung stellt alle Arbeitgeber vor große Herausforderungen, wenn es darum geht, qualifiziertes Nachwuchspersonal für sich zu gewinnen (vgl. Abb. 5.1). Die Polizei steht hierbei in Konkurrenz mit der freien Wirtschaft. So werden in vielen Polizeien Arbeitsgruppen eingerichtet, die sich diesem Thema widmen, beispielsweise in Bayern die AG Mina (Modifizierung und Intensivierung der Nachwuchsgewinnung).

5.1 Recruiting: Von Employer Branding bis zur Bewerbung

Die Arbeitgebermarke »Polizei Bayern«, »Bundespolizei« etc. ist die Gesamtheit der Merkmale, mit denen ein Arbeitgeber am Arbeitsmarkt wahrgenommen wird **(Employer Branding).** Und davon ist eben nur ein kleiner Teil die Selbstdarstellung auf Webseiten oder Flyern. Wesentlich bedeutender sind (vermeintlich) authentische Berichte über den Arbeitgeber, seien es Insta-/TikTok-Stories von Beschäftigten, Medienberichte, Reportagen aber auch Bewertungen auf Arbeitsportalen. Letztere gewinnen zunehmend an Bedeutung für die junge Generation (Schnetzer et al., 2023), werden aber aktuell so gut wie nicht von den Polizeien genutzt.

Gute **Nachwuchswerbung** ist erforderlich, um im Wettstreit um die fähigen Arbeitskräfte in den Fokus zu geraten. Dabei ist es wichtig, die Generation anzusprechen und keine Fotos und Videos zu produzieren, die nur der Entscheidergeneration gefallen. Dabei kommt den ersten drei Sekunden besondere

B. Bürger und H. Ellner, *Generation Z und Alpha*, essentials,
https://doi.org/10.1007/978-3-658-44189-0_5

Abb. 5.1 Recruiting und Boarding. (Eigene Darstellung)

Bedeutung zu: Sie müssen die Aufmerksamkeit binden, sonst wird das Video von der TikTok-Generation weggewischt. Folglich kann man sich die Kosten für ein Video, bei dem zu Beginn ein Polizeiboot auf einem See entlangschippert, untermalt mit GEMA-freier Fahrstuhlmusik, sparen.

Zudem muss man sich ständig darüber auf dem Laufenden halten, welche Kanäle die junge Generation nutzt und diese verändern sich regelmäßig. Man muss am Puls der Studien und Umfragen bleiben, so liegt beispielsweise Whats-App als beliebteste App weiter im Trend (gefolgt von YouTube, Instagram, Snapchat und TikTok, vgl. Schnetzer et al., 2023), dessen relativ neues Format der Kanäle, Stand heute, nur von einer regional zuständigen Polizeidienststelle genutzt wird. Und man sollte auch die Zusammenhänge kennen: Facebook wird kaum von der Zielgruppe genutzt, aber von deren Eltern, die wiederum als einer der wichtigsten Einflussfaktoren bei der Berufswahl gelten. Entsprechend sollte man Facebook nicht vernachlässigen, sondern dort konkret die Eltern ansprechen.

Weiter ist es wichtig, das Erleben von Diskrepanz zwischen Werbevideo und Realität zu moderieren. Im Vergleich zu der tatsächlichen alltäglichen Aufgabenwahrnehmung ist eine Überrepräsentation der »actiongeladenen« Bereiche festzustellen, welche zwar mögliche Erwartungen der GenZ ansprichen, in der späteren Realität allerdings nicht erfüllt werden können. Ein Video, in dem jemand eine Stunde lang versucht, einen Sachverhalt in einer nicht intuitiv anmutenden Software zu erfassen, würde allerdings auch niemand anschauen. Die Inhalte könnten allerdings »generationengerecht« angepasst werden. Um die Verlustquote im Bereich der Ausbildung nachhaltig zu reduzieren, muss den Bewerber*innen bereits vor dem Ausbildungsbeginn ein möglichst realistisches Bild vermittelt und von diesen erfasst werden. So bietet z. B. die Welt der Influencer ein breites Feld an Möglichkeiten, um Realität erlebbar zu machen. Eine interessante Weiterentwicklung bereits vorhandener Corporate Influencer (z. B. poizeiberlin.mario) wäre es, wenn »Mario« um eine lebenserfahrenere Kollegin ergänzt wird. Damit können mehrere Aspekte bedient werden: Ein Miteinander statt eines Gegeneinanders der Generationen und Geschlechter und im besten Fall des Falles ein realitätsnahes Abbild der Polizeiarbeit. Dabei trauen sich allerdings leider nur wenige Behörden, bei der Nachwuchswerbung auf Amtfluencer zu setzen, dabei gewinnt diese Art der Nachwuchswerbung an Bedeutung (Hohenberger & Bürger, 2024). Die Bundeswehr nutzt dies seit vielen Jahren sehr erfolgreich. Einige wenige Polizeien, z. B. die deutsche Bundespolizei, haben dies realisiert, aber vielen Behörden fällt es offensichtlich schwer, diesen parallelen und als unkontrolliert empfundenen Kanal der Öffentlichkeitsarbeit zuzulassen oder zu unterstützen, dabei bietet er neben beherrschbaren Risiken auch große Chancen (Bürger, 2020; Jarolimek et al., 2023).

Aber auch die offiziellen Videos sollten nicht nur Action beinhalten, sondern zeigen, was wir tun: Wir sorgen nicht nur für Sicherheit, wir stehen für die Grundwerte unserer Gesellschaft ein, wir helfen den Menschen in unserem Land. Das sind wichtige Botschaften für eine Generation, die Werte schätzt (auch vgl. Abschn. 7.1). Darüber hinaus ist auch wichtig, auf unsere »Incentives« hinzuweisen und diese zu rahmen: also nicht nur »Dienstsport«, sondern »unsere Mitarbeiter*innen und deren Gesundheit sind uns wichtig«, deswegen kann man Sport und Gesundheitsangebote im Dienst wahrnehmen. Wir unterstützen Euch durch ein starkes polizeilich-psychosoziales Netzwerk (Psychologischer, Sozialer, Medizinischer Dienst, Seelsorge, Peers, Berater*innen). Wir bieten einen sicheren Arbeitsplatz, damit auch ihr Euch bei uns sicher fühlen könnt, etc.

Mit Blick auf den konkreten **Bewerbungsprozess** noch ein Gedanke: Wie einfach ist es, sich bei der Polizei zu bewerben, wie schnell bekommt man Antwort auf individuelle Fragestellungen? Je geringer die Hürden, umso besser! Digitale Bewerbungsangebote sollten der Standard sein, mit schnellen kompetenten Antworten und digitaler wie auch persönlicher Unterstützung (Coaching!). Dann geht es weiter mit einem guten Pre-Onboarding.

5.2   Boarding: Auf dem Weg zu Neuem

5.2.1   Pre-Onboarding

Ab der Bewerbung sollte man den Kontakt halten, denn oft vergeht bis zum Einstellungstest und dann nochmal zum eigentlichen Dienstantritt viel Zeit – viel Zeit, um es sich anders zu überlegen. Diese Zeiträume sollte man überbrücken und an den Bewerbern dranbleiben, sie eben nicht als »gesichert« betrachten. Man könnte sie zu einem Sporttag einladen, an dem auch Teile des Sporttests gemacht werden und individuelle Trainingspläne erstellen. Ein Familientag, an dem die Bewerber*innen mit Familie den künftigen Ausbildungsstandort ansehen können (die Eltern sind mitunter die wichtigsten Ratgeber!) und über die Ausbildung informiert werden, ist zielführend. Ein*e feste*r Ansprechpartner*in, die*der sich regelmäßig meldet, ein Anschreiben oder noch besser ein Video der Ausbildungsleitung zwei Monate vor Dienstantritt, ein weiteres wenige Wochen vor Beginn mit letzten Informationen – so kann **Pre-Onboarding** gelingen.

5.2.2   Onboarding

Der erste Tag sollte ein positives Erlebnis sein (vgl. auch Abschn. 6.4.1). Das bedeutet, alle administrativen Vorbereitungen sind erledigt, ausbildungsrelevantes Material ist vorrätig, Begrüßungsmaterial liegt bereit und die gesamte Einweisungszeit ist organisiert. Es ist ein hohes Maß an Professionalität aber auch Wertschätzung erlebbar, z. B. durch das Abholen an der Wache, der Begrüßung durch die*den Chef*in, eine ausführliche Ortsbegehung (am besten mit der gleichen Ansprechperson des Pre-Onboardings) und in den folgenden Tagen einer umfassenden Einführung in die Abläufe, die Organisationskultur (»wie läuft hier was und warum«) samt einem Überblick über die Ausbildung, speziell die kommenden Wochen. Auch die Nutzung digitaler Tools ist hier von Bedeutung (vgl. Abschn. 7.4.2). Wichtig dabei ist, dass **Onboarding** kein singuläres Event sein darf, es sollte zum einen andauern, bis erste Sozialisationserfolge erkennbar sind und muss bei jeder neuen Station wieder erfolgen. Entsprechend sollten die Praktikumsdienststellen frühzeitig bekannt gemacht werden und die Neuen dort begrüßt werden: »Wer bist du?« und »Wir haben keinen Spind für dich!« sind tabu! Auch sollten die Praktikant*innen nicht nur als »Achslastbeschwerer« mitgenommen werden, Praktika sollten als forderndes Erlebnis gestaltet werden, das sowohl auf Fähigkeits- und Kompetenzgewinn abzielt als auch die Vielfalt der polizeilichen Aufgaben- und Tätigkeitsfelder aufzeigt (z. B. durch einen Besuch/ Mitarbeit in der Einsatzzentrale).

5.2.3   Offboarding

Auch wenn das Phänomen der Entlassung auf eigenen Antrag, eine »Kündigung« in der festzustellenden Dimension neu ist – auch die Polizeien müssen sich auf **Offbarding** einstellen. Wenn sich jemand entscheidet, zu »kündigen«, sollte sich der Chef Zeit nehmen und ein Gespräch über die Gründe führen. Auch ein »Goodie-Pack« zum Abschied, beispielsweise mit einem Stift und einer Tasse als Andenken wäre ein guter Ansatz. Geht man heute auf einen Kindergeburtstag oder eine Hochzeit, ist es selbstverständlich, dass man auch ein Geschenk mit nach Hause nimmt. Ähnlich könnte es bei einer Kündigung ablaufen, denn Employer Branding ist wichtig. Wie bewerten uns die »Ehemaligen«, welche Geschichten erzählen sie in den sozialen Medien? Dass sich niemand für ihre Kündigung interessiert hat, dass es der Polizei egal war? Darüber hinaus wäre es dringend angezeigt, diejenigen standardisiert zu befragen, um aus deren Erfahrungen und Bewertungen auf einer guten Datengrundlage lernen zu können – warum haben sie die Polizei verlassen?

Mit den »Guten« sollte man zudem Kontakt halten, durch Weihnachtskarten, eine Einladung zum Sommerfest oder einen Anruf zum Geburtstag – denn auch ein Re-Recruiting ist in der aktuellen und insbesondere auch künftigen Arbeitsmarktsituation eine wichtige Säule zur Mitarbeiter(wieder)gewinnung.

Ausbildung: Transformation professionell gestalten

6

Die Anzahl bewerbungsfähiger Schulabgängerinnen und -abgänger ist prognostisch rückläufig. Eine steigende Quote an Ausbildungsabbrüchen (BIBB, 2023), u. a. auch im Kontext der polizeilichen Ausbildung, stellt eine weitere Herausforderung dar und dominiert die Schlagzeilen in den Medien. Die Versuche, Erklärungen für diese Entwicklung zu finden, sind vielfältig.

6.1 Ausbildungsabbruch: Eine neue Dimension

Zeichnet die Nachwuchswerbung ein verzerrtes oder unrealistisches Bild von der Ausbildung und dem Beruf der Polizist*innen? Entstehen dadurch kündigungsrelevante Diskrepanzerfahrungen? Nach Befragungen in der Bundespolizei bei den Betroffenen stehen folgende Faktoren[1], mit der eine Kündigung begründet werden, ganz vorne: Entfernung vom Heimatort zur Dienststelle sowie die Überforderung der Anwärter*innen (Schmelzer & Ellner, 2023). Zudem ist für viele die Diskrepanz zwischen Nachwuchswerbung und erfahrener Realität zu groß (vgl. Abschn. 5.1). Den Aspekt der Überforderung der Anwärter*innen durch die Ausbildung greifen wir im folgenden auf und diskutieren Lösungsansätze.

---

[1] Erhebung im BPOLAFZ Bamberg 2022, Gesamtheit der Befragten 192 Auszubildende des mD und gD. Mehrfachnennung war möglich. 16 % Überforderung, 26 % Entfernung zum Heimatort/Dienstelle, 6 % Rahmenbedingungen, 6 % unklare Anschlussverwendung, 28 % persönliche Gründe (die nicht genauer benannt werden möchten), 12 % Wechsel zu einer anderen Behörde, 15 % Wechsel Zivilberuf, 17 % k.A.

6.2   Zeitgemäße Ausbildung: Kompetenzorientierung statt Trichtermodell

Was macht eine Ausbildung aus? Das Unterrichten, der Lehr-Lern-Prozess, die Interaktion von Lehrenden und Lernenden. Der Erfolg einer Ausbildung wird in der Regel am Abschluss gemessen. Auf dem Weg dorthin sind die Vermittlung von Fachwissen, die Entwicklung der Persönlichkeit, die Integration in soziale Zusammenhänge, die Befähigung zur Selbst- und Mitbestimmung in einer demokratischen Gesellschaft die anspruchsvollen Aufgaben im Kontext der Ausbildung zum/zur Polizeivollzugsbeamt*in (Ellner & Starke-Handzlik, 2023).

Um diesen Anspruch erfüllen zu können, bedarf es u. a. eines Ausbildungspersonals, das Lernen ermöglichen kann. Bildung und Lernen wurden über viele Jahrhunderte als Vorratslernen zur Bewältigung späterer Herausforderungen verstanden. Die Vorstellung vom sog. »Nürnberger Trichter« – Wissen lässt sich in die Köpfe der Lernenden füllen – hat sich überholt. In Zeiten des ständigen Wandels wird eine Pädagogik der Kompetenzstärkung nötig, die sich auf die Aneignung, die Transformation von Persönlichkeit sowie die Entwicklung von Kompetenzen konzentriert (OECD, 2020). Es wird ein neues Verständnis von dem, was Lernen ist und wie es unterstützt werden kann, erforderlich (vgl. Abb. 6.1).

„Selbstlernen braucht anregende Arrangements, Wertschätzung, Anleitung und Begleitung. Die heutigen Lehrer, Dozenten oder Trainer müssen sich zukünftig auf die Begleitung und Beratung der Lernenden konzentrieren, wenn das Lernen zu einem selbstgesteuerten Tun werden soll" (Sauter, 2017).

Vermittlungswunschdenken aufzugeben, heißt Abschied zu nehmen von uralten pädagogischen Vorstellungen und Machbarkeitsfantasien. Auf das selbstbestimmte Lernsubjekt zu setzen, heißt, den Dialog mit den Auszubildenden zu suchen und im vorgegebenen Rahmen Freiheiten einzuräumen.

6.3   Die GenZ und ihre Art des Lernens

Verschiedene Faktoren beeinflussen die Lerngewohnheiten der GenZ. Technologieentwicklungen und soziale Medien sind die beiden bedeutendsten Einflussgrößen. Die Generation ist mit Technologie aufgewachsen und nutzt diese intensiv: Smartphones, Tablets, Laptops und das Internet sind für sie alltägliche Werkzeuge, um zu recherchieren, online zu lernen und Informationen auszutauschen. Sie schätzt kollaboratives Lernen, um zu diskutieren und Ideen auszutauschen – ohne jegliche Hierarchie – auf Augenhöhe. Online-Plattformen

Abb. 6.1 Ausbildung transformieren. (Eigene Darstellung)

(v. a. TikTok), soziale Medien (u. a. Instagram) und kollaborative Tools (z. B. Padlet) werden gerne verwendet, um zu lernen. Aufgrund der Darstellungsformate in der digitalen Welt und der Schnelllebigkeit der Informationen schreibt man der GenZ eine kürzere Aufmerksamkeitsspanne zu (Maas, 2023b). Positiv ist, dass sie oft daran gewöhnt ist, sich selbstständig Informationen zu suchen. Tutorials und E-Learning-Plattformen haben so manche Leerstelle in Ausbildung und im Schulalltag kompensiert. Es ist aber auch hier, wie im Kontext des Generationenbegriffs bereits öfter erwähnt, wichtig zu beachten, dass dies allgemeine Trends sind. Je nach sozialem Hintergrund, Schulformat und individuellen kognitiven Voraussetzungen sind Unterschiede innerhalb der GenZ sehr wahrscheinlich.

Laufbahnabsolventen des mittleren Dienstes und Studierende des gehobenen Dienstes stehen vor allem zu Beginn der Ausbildung bzw. des Studiums vor der Herausforderung, sich in der etwas anderen Welt der Polizei zu orientieren. Bei Dienst- und Ausbildungsantritt in die Polizei trifft die GenZ bislang vorwiegend auf eine analoge Berufswelt und Praxis. Polizeiliche Aufgaben und Kernprozesse sind und bleiben analog. Situationen sind kaum miteinander vergleichbar, müssen situativ bewältigt werden. Damit wird eine 20 Jahre lang wohlbehütete Generation, deren Eltern ihr überwiegend Entscheidungen abnimmt und die Probleme für ihre Kinder löst (vgl. Abschn. 2.2.1), konfrontiert, oftmals fernab von zuhause sich selbst zu versorgen und Dienst, Lernen und Freizeit selbst zu organisieren.

Mit Blick auf den Bereich des Lernens werden Schreibgeschwindigkeit und Textverständnis von den Auszubildenden als besonders herausfordernd benannt. Was heißt das in der Konsequenz für die Gestaltung der Ausbildung? Sicher lohnt sich ein Blick auf das, was das Schulsystem gewährleistet, aber auch versäumt hat, doch das würde an dieser Stelle zu weit führen.

6.4 Denkanstöße und konkrete Maßnahmen für eine gelungene polizeiliche Ausbildung

In Kombination mit einem herausfordernden Ausbildungsalltag, oft weit weg von zu Hause, scheint eine Großzahl der Auszubildenden zu Beginn der Ausbildung ins Stolpern zu geraten. Die Zahl derjenigen, die in zwei oder mehr Fächern in den ersten Jahresarbeiten »unterpunkten« bis hin zu denjenigen, die durch die Zwischenprüfung fallen, ist aktuell (2023) auffällig hoch. Was läuft schief?

Aus lernpsychologischer Perspektive wäre es ein Trugschluss, die Lücke ausschließlich bei den Auszubildenden zu suchen. Die Ausbildung stellt sich als Prozess dar, dessen Gelingen von verschiedenen Einflussfaktoren abhängig ist. Es gilt vor diesem Hintergrund eine ganzheitliche Perspektive einzunehmen, die die drei Hauptakteure »Auszubildende – Ausbildungsorganisation – Ausbildungspersonal« in die Verantwortung nimmt, um zu einer gelungenen Ausbildung beizutragen.

6.4.1 Perspektive Organisation: Bedingungsfaktoren ausbildungsförderlich gestalten

- **Netzwerktreffen: Eine Kultur des Ausbildens etablieren!**
  Regelmäßige Treffen des Ausbildungspersonals können dem Austausch von Erfahrungen, dem Schaffen einer positiven, kollegialen Atmosphäre dienen und können auch die kollegiale Beratung zwischen dem Ausbildungspersonal unterstützen. In diesem Setting können Bewertungen und Schlussfolgerungen mit Blick auf die Ausbildungspraxis gezogen werden und ggf. Konsequenzen für die Lernunterstützung gezogen werden. So erfolgt eine regelmäßige Evaluation des Handlungsfeldes. Strukturell betrachtet, tragen solche Elemente auch zum Lernen der Organisation bei und liefern das Fundament für eine

tragfähige Organisationskultur. Das Bedürfnis der GenZ nach Selbstverwirklichung und Sinnstiftung kann durch eine klar kommunizierte Ausbildungsphilosophie befriedigt werden. Vorleben und erleben lassen, warum Polizeiarbeit wichtig ist, trägt zu einem starken Fundament in der Ausbildung bei.

- **Beteiligung der GenZ: Auszubildende unterstützen Auszubildende!**
  Tutorenprogramme haben in der Bildungsarbeit eine lange Tradition. Mit Blick auf den Ausbildungsbeginn bei der Polizei unterstützen erfahrene Auszubildende neue Auszubildende.

Als Botschafter*innen für die Ausbildungsorganisation bieten sie Orientierung in den ersten Wochen, stehen für Fragen rund um den Ausbildungsalltag zur Verfügung und nehmen durch ihre Vorbildfunktion eine wichtige Rolle ein, um den Neuankömmlingen die Werte und Regeln der Polizei von Beginn an vorzuleben. Die Tutor*innen werden im Rahmen einer Schulung vorbereitet, um diesem Anspruch gerecht zu werden. Im Fokus der Tutorentätigkeit stehen drei Aspekte:»Orientierungshilfe – Kooperation – Kommunikation!«.

Damit werden wesentliche Bedürfnisse der GenZ, wie sie häufig aus ihrem wohlbehüteten Elternhaus kennen, bedient. Bereits am ersten Ausbildungstag gibt es ein»Willkommensteam«, welches für die Beantwortung von ersten Fragen zur Verfügung steht. Sie selbst werden bei Fragen von Tutorencoaches (ausgewähltes Lehrpersonal) und der Tutorenbegleitung (Pädagog*innen, Psycholog*innen) unterstützt. Parallel dazu steht den neuen Auszubildenden über z. B. Instagram oder vergleichbaren internen digitalen Tools (vgl. Abschn. 9.6) ein Kommunikations- und Informationsangebot zur Verfügung, an welches sie sich jederzeit wenden können. Gemäß dem Motto»Digital versiert im Onboarding-Prozess!« werden die neuen Auszubildenden bereits einige Tage vor Ausbildungsbeginn Schritt für Schritt aufgenommen. Die stetig steigende Anzahl an Followern und rege Teilnahme an Aktionen (z. B. Emoji-Abfrage, Fotoaktion»Erster Schritt in die Ausbildungsorganisation«) zeigen, dass Onboarding für die GenZ so gut gelingen kann, da sich diese always-on»Digital Natives« wohlfühlen wollen, Sicherheit brauchen und das »Miteinander« bei dieser Generation hoch im Kurs steht. **Fazit: Das Tutorenprogramm lebt von der Beteiligung aller.** Es ist unglaublich wichtig, die Auszubildenden in den Entwicklungsprozess einzubeziehen, um potenzielle »Stolperfallen« frühzeitig aufzudecken. So hat die Autorin z. B. in der Pilotphase zur Einführung des Tutorenprogramms im größten Aus- und Fortbildungszentrum der Bundespolizei festgestellt, dass es nicht gelingt, mit den Auszubildenden über die dienstliche Email zu kommunizieren, da diese im Vergleich zu Nachrichten über Messengerdienste sehr selten abgerufen werden. D. h. ein zeitnaher Informationsaustausch ist nicht möglich.

Auf diesem Weg wird das Gefühl vermittelt, dass Mitgestaltung möglich ist. Für die Etablierung bedarf es der Unterstützung durch die Entscheidungsträger*innen. Mit der Einführung eines Tutorenprogramms ist es zu empfehlen, die Netzwerktreffen um die Tutor*innen zu erweitern, um die verschiedenen Beteiligten einer Ausbildungsorganisation auf Augenhöhe gemeinsam an einen Tisch zu bringen. Der gemeinsame Erfahrungsaustausch trägt im besten Fall zu einer kontinuierlichen Weiterentwicklung der Ausbildungsqualität bei.

6.4.2 Perspektive Auszubildende: Selbstlernkompetenz fördern

Den Lernprozess eigenverantwortlich planen, organisieren und steuern zu können – das ist u. a. angesichts der Digitalisierung eine Zukunftskompetenz (ESCP, 2021).

Viele Lernende sind jedoch überfordert, wenn sie auf sich gestellt sind. Bislang wurde ihnen im Schulalltag zuvor häufig gesagt, was zu tun ist. Ihnen fehlt die steuernde, beobachtende, begleitende und kontrollierende Lehrperson. Selbstlernkompetenzen, die Fähigkeit, sich selbst und das eigene Lernen zu managen, sind für den Lernerfolg zumeist bedeutsamer als manch fachlicher Inhalt (Hardeland & Berger-Riesmeier, 2021). Eine kontinuierliche Begleitung sollte direkt an den zentralen Ausbildungsstationen der Grundausbildung orientiert sein, um das Bewusstsein zu fördern, wie essenziell Lernkompetenz für das Gelingen der Ausbildung ist und um ggf. eine Verbesserung des eigenen Lernverhaltens unterstützen zu können.

Hierzu sollten die Möglichkeiten der Digitalisierung genutzt werden, zur Strukturierung und Optimierung des Selbstlernens. Nach dem Prinzip der minimalen Hilfe könnten in einer Lernmanagementplattform fächerspezifisch Lernmaterial für Auszubildende zu Verfügung gestellt werden. Zahlreiche Arbeitsaufträge und Übungen wurden ggf. einstmals coronabedingt erstellt, die entweder direkt in der Unterrichtung zum Einsatz kommen können und/oder als Übungsmaterial den Auszubildenden zur Verfügung gestellt werden können. Fragenkataloge zur Vorbereitung auf Jahresarbeiten und Prüfungen könnten die Lernenden zum Wiederholen nutzen. Selbsteinschätzungen der Auszubildenden durch Online-Self-Assessments (Qualifizierung als spielerisch lösbare Aufgabe) können dazu beitragen, dass sich Auszubildende in Prüfungssituationen sicherer fühlen. Nichts Neues, sondern viel von bereits Vorhandenem könnte strukturiert und strategisch eingesetzt dazu beitragen, die Selbstlernfähigkeit der Auszubildenden im Allgemeinen zu steigern. Ein Team von pädagogischen Fachkräften kann in Zusammenarbeit mit Ausbildungsleitung und Fachvertreter*innen zur Entwicklung guter Selbstlerneinheiten beitragen. Durch diese Vernetzung können (hybride) Unterrichtungen bereichert und die Lernbegleitung fachlich unterlegt werden. Eine Entwicklungsperspektive für die nahe Zukunft: Vom Fachpersonal generierte, KI-gestützte Lerntutor*innen, die Lernprozesse korrespondierend mit der individuellen Entwicklung der Lernenden und deren Ausbildungsweg orts- und zeitunabhängig begleiten.

6.4.3 Perspektive Ausbildungspersonal: In den Schuhen der Auszubildenden gehen

Noch immer geht ein Großteil der Lehrenden davon aus, dass Wissen einfach nur kommuniziert werden muss – der Rest ergibt sich dann von selbst. Indem sie ihr Wissen mitteilen, wollen sie Lernen auslösen. Klappt so aber nicht. Und so wird viel Zeit und Geld in die Ausbildung investiert, ohne dass die Auszubildenden mitgenommen werden und wissen, wie sie lernen können. Wie geht es besser?

- **Ein- und Ausatmen: So kann Ausbildungsbegleitung gelingen**
  Der Berliner Weiterbildungsprofessor Klaus Döring (2008) hat das Modell entwickelt, in dem sich der Lernprozess als Spirale mit zwei Schwüngen (Einatmen und Ausatmen) darstellt. Beim Einatmen nehmen wir neues Wissen auf, öffnen uns den Inhalten. Im zweiten Schritt atmen wir aus, erinnern uns an Erlerntes, geben den Stoff wieder, übertragen ihn und wenden ihn an. So hilft es uns selbst beim Schießen nicht, einem Trainer dabei zuzuschauen, wie er schießt. Auch Anleitungen (z. B. Tiktok-Videos) können wir noch so oft anschauen: Erst indem wir die Technik anwenden und die einzelnen Schritte selbst durchgehen, verstehen wir, wie es wirklich funktioniert – und sich anfühlt. Für diesen zweiten Schritt des Ausatmens gibt es in der bisherigen Polizeiausbildung noch viel zu wenig Zeit. Für Weiterqualifizierungen des Ausbildungspersonals eignet sich insbesondere der pädagogische Doppeldecker (Dyrna et al., 2021). Hierbei erleben die Lehrkräfte die didaktischen Prinzipien, Methoden und (digitalen) Medien, mit denen sie später selbst arbeiten sollen, aus Sicht der Lernenden. Lehrpersonen vollziehen so den Perspektivwechsel von Lehrenden zu Lernbegleitenden.
- **Lernstandrückmeldung: Feedback pflegen**
  Wer freut sich nicht über Rückmeldung? Die GenZler sind mit »Feedback in Dauerschleife« sozusagen groß geworden. Von der Geburt bis zum Schulabschluss werden Lebensmomente in immer kürzeren Zeitabständen digitalisiert

(u. a. dank der intensiven Smartphonenutzung der Eltern). Dieser Umstand lässt sich in der Ausbildung pädagogisch sinnvoll nutzen. Regelmäßige Mitteilungen über den individuellen Lernstand tragen zu einem realistischen Abgleich zwischen Selbst- und Fremdwahrnehmung bei. Besonders wertvoll wird dieses Element der Ausbildung, wenn das Ausbildungspersonal den Auszubildenden Entwicklungsschritte aufzeigt, um sich z. B. für eine Zwischenprüfung gut vorbereiten zu können. Lernbegleitung ist keine »Einmalaktion«, sondern ein Prozess »en passant«.

- **Brückenbau zwischen analoger und digitaler Lebens- und Lernwelt**
Eine kleine Story zum Einstieg: Im Kontext eines Vortrags über Lernberatung in der Ausbildung kurz vor der Abschlussprüfung gab es auf die Frage »Was lenkt Sie am meisten vom Lernen ab?« eine klare Antwort: »Smartphone = Quelle pausenloser Ablenkung«. Nicht nur in Schulen wird seit geraumer Zeit diskutiert, ob Handys komplett verboten werden müssen. Verschiedene Maßnahmen von festgelegten Handyzeiten bis hin zur Abgabe mit Betreten des Schulgebäudes werden in der Praxis angewandt. In der Summe wird deutlich: Die Generationen Z und Alpha sind vollkommen in der digitalen Welt angekommen und das mit all ihren Vor- und Nachteilen. Was heißt das in der Konsequenz für die Polizeiausbildung? Wie in vielen anderen Lebensbereichen zahlt sich hier ein Miteinander aus. Zuhören, ernst nehmen und beteiligen ist ein Schlüssel. So können Ältere die Jüngeren beim Zurechtfinden in der analogen Welt unterstützen. Im Gegenzug vermitteln GenZ und perspektivisch Alpha ihr Knowhow aus der digitalen Welt. Gemäß dem Motto »Wie nimmst du die Welt wahr? Erzähl doch mal!« können Gespräche über unterschiedliche analog geprägte Wahrnehmungen der älteren Generationen und digital geprägte Wahrnehmungen der Jungen in einer Ausbildung, die auf einen Beruf in der realen Welt vorbereitet, hilfreich sein. Storytelling als Korrektiv, um eine realistische Erwartungshaltung zu generieren, wie es in der realen Berufswelt aussieht. Darüber hinaus ist die junge Generation in einem Mindestmaß dankbar, wenn ihr aufgezeigt wird, wie man aus dem Modus »always on« herausfindet. So hat ein 24-jähriger Auszubildender in eingangs beschriebener Situation ganz begeistert davon erzählt, dass er sich seit geraumer Zeit viel besser beim Lernen konzentrieren kann, da er nur eine Stunde Handyzeit hat, die App-gesteuert seine Mutter, 400 km vom Ausbildungsort entfernt, frei gibt. Manch einer mag dabei den Kopf schütteln, aber am Ende des Tages geht es darum, wie wir junge Menschen in der Ausbildung darin begleiten, sich von den »Fangarmen« der Digitalisierung, hier v. a. der sozialen Medien zu befreien.

6.5 Am Ende des Tages: How to get together?

Ausbildung ist das Fundament qualitativ hochwertiger Polizeiarbeit. Hier wird der Grundstein gelegt, Polizist*innen auszubilden, die die freiheitlichen demokratischen Grundwerte vertreten und rechtssicher handeln können. Um dieses Ziel zu erreichen, steht eine hierarchisch geprägte Kultur, die auf Anordnung und Gehorsam setzt, an der Tagesordnung, gerade auch in der Phase der Sozialisation (= Ausbildung). Schaut man sich unvoreingenommen an, wie hingegen eine lernförderliche Lernkultur aussieht, muss man sich die Frage stellen, ob sich in der Polizeiausbildung generell zwei Welten gegenüberstehen? Die der Polizeikultur und die der Ausbildungskultur. Letztere ist geprägt von Erkenntnissen aus der Lernpsychologie und der Systemtheorie für gelungene Bildungsprozesse (Arnold & Erpenbeck, 2021; Edelmann, 2000; Simon, 2015): Lernen ist individuell und kompetenzorientiert. Stress und Druck vermindern die erforderliche Konzentrationsfähigkeit. Fehler machen dürfen erhöht die Selbstwirksamkeit. Motivation kann man nicht anordnen. Hinzu kommen die Erwartungen der GenZ (vgl. Abschn. 2.2). Vor dem Hintergrund der vorherigen Ausführungen stellt sich die Frage, ob die Polizeikultur einer derart gestalteten Ausbildungskultur entgegensteht. Ist die Ausbildung in der Polizei darauf ausgelegt eine kompetenzorientierte, auf Augenhöhe gestaltete Lehr-Lernkultur zu ermöglichen? Die erforderliche Persönlichkeitsentwicklung in der Ausbildung verlangt eine systematische, lange und intensive Begleitung durch kooperatives und zugewandtes Ausbildungspersonal. Interessant ist auch an dieser Stelle ein Perspektivwechsel: weg von der Defizitorientierung hin zur Lösungsorientierung. Statt der Feststellung „Die Jungen können nicht mehr lesen" (Ellner, 2023, S. 1) lohnt sich die Frage:»Was können wir tun, um die Lesekompetenz und damit das Textverständnis unserer Auszubildenden zu verbessern?«. Dieser lösungsorientierte Ansatz ist nicht nur in der Ausbildung zielführend, denn nach einer erfolgreichen Ausbildung geht es darum, die grundsätzlich hochqualifizierten jungen Menschen bei der Polizei zu halten.

Gelingensfaktoren der Mitarbeiterbindung 7

Das ein besonderes, anders als bisher geartetes Engagement bei der Mitarbeiterrekrutierung gefordert ist, haben viele Polizeien verstanden und sie legen moderne Kampagnen auf, um Nachwuchs zu gewinnen. Was sehr viele übersehen: Junge Mitarbeitende zu finden, ist nur der erste Schritt. Ebenso wichtig ist es, diese Mitarbeiter*innen erfolgreich auszubilden (vgl. 6) und dann an die Polizei zu binden (vgl. Abb. 7.1), denn sonst »kündigen« sie (vgl. Abschn. 2.2.3).

7.1 Werte nutzen

Die junge Generation wird als offline wertekonservativ beschrieben, Werte sind ihr wichtig. Beschäftigt man sich mit den Organisationswerten der Polizei, hat dies zwei positive Effekte: Zum einen muss man sich beim Definitionsprozess selbst darüber klar werden und verbalisieren, welche Werte uns auszeichnen und leiten sollen. Zum anderen können diese Werte dann als klare Handlungsorientierung dienen – für die jungen Mitarbeitenden, aber auch als bindende Handlungsgrundlage für Führungskräfte. Viele Polizeien in Deutschland haben einen solchen Werteprozess, oft im Kontext eines aktualisierten Führungskonzepts »werteorientierte Führung« bereits abgeschlossen.

© Der/die Autor(en), exklusiv lizenziert an Springer Fachmedien Wiesbaden GmbH, ein Teil von Springer Nature 2024
B. Bürger und H. Ellner, *Generation Z und Alpha*, essentials, https://doi.org/10.1007/978-3-658-44189-0_7

Abb. 7.1   Gelingensfaktoren der Mitarbeiterbindung. (Eigene Darstellung)

7.2   Führung positiv (er-)leben

Einige Grundlagen zum Führungsverständnis wurden bereits beim erforderlichen Mindset (vgl. Abschn. 4.3) festgehalten. Auch wenn Führungskräfte per se auch Managementaufgaben (Prozessorientierung und Sachaufgaben) erfüllen müssen, sollte ihr Schwerpunkt auf Leadership (u. a. Vision, Inspiration, Purpose, Entwickeln von Menschen) liegen. Qualitätszeit mit den Mitarbeitenden zu verbringen (Bürger & Weibler, 2022), sollte im Fokus des Führungshandelns stehen. Positive Effekte auf Motivation, Arbeitsleistung, Wohlbefinden, Teamgeist, Kreativität, Berufszufriedenheit, geringere Krankheits- und Fluktuationsraten durch »Positive Leadership« sind durch Studien längst belegt (Ebner, 2019).

Der aktuelle Entwurf der neuen Führungsziffer der PDV 100[1] ist im Hinblick auf ein solches Führungsverständnis ein überfälliger und richtiger Schritt.

---

[1] Die Polizeidienstvorschrift 100 (PDV 100 – VS-NfD) „Führung und Einsatz der Polizei" ist die Basisvorschrift der Polizei und gilt in allen Ländern und im Bund verbindlich.

Doch jegliche Definition in Vorschriften ist vergebens, wenn dieses positive Führungsverständnis mit den Mitarbeitenden im Mittelpunkt nicht von ganz oben
vorgelebt wird. Zudem muss den Führungskräften genügend Zeit dafür zur Verfügung stehen – eine enorme Herausforderung in Zeiten von VUKA, ständig
neuen Arbeitsgruppen, Projekten, parlamentarischen Anfragen und Führungs-
kräftemangel (vgl. Abschn. 7.5). Die Katze beißt sich also in den Schwanz,
doch wenn es nicht gelingt, diesen sich immer schneller drehenden Teufels-
kreis zu durchbrechen, werden die gesamtorganisationalen Auswirkungen umso
dramatischer.

7.3   Arbeitszeiten anders denken

35-h-Woche, 4-Tage-Woche: wichtige Forderungen großer Gewerkschaften, die
in einigen Branchen schon umgesetzt worden sind und die, wie Untersuchungen
zeigen, im Hinblick auf die Produktivität sogar in der Regel vorteilhaft sind (4
Day Week, 2023). Aktuell sind bei uns 40- oder gar 41-Stundenwochen an der
Tagesordnung, sogar im Schichtdienst. Entsprechend haben die Polizeien einen
schweren Stand im Wettbewerb um die ausbildungsfähigen Köpfe, denn Freizeit ist ein hohes Gut für die junge Generation. Auf den ersten Blick scheinen
diese Ideen bei der Polizei vielleicht kaum umsetzbar – wir können schlecht
drei Tage zusperren, Sicherheit ist eine 24/7 Dienstleistung. Aber man kann sehr
wohl überlegen, die Anzeigenaufnahme auf der Wache auf bestimmte Zeiten zu
beschränken, eine voraussetzungslose Teilzeit, beispielsweise in einem Wahlkor-
ridor von 25 bis 40 h zuzulassen, mehr Urlaubstage (gegen weniger Gehalt)
anzubieten, etc. Dies erfordert natürlich intelligente Personaleinsatzkonzepte,
unter Umständen sogar mehr Personal. Es erhöht aber die Wahrscheinlichkeit
Personal zu bekommen und halten zu können und sorgt, wenn zudem der folgenden Aspekt berücksichtigt wird auch dafür, dass die Bestandsbelegschaft gesünder
und somit (auch Schicht-)dienstfähig bleibt.
    Denn der Fokus solcher Überlegungen sollte auf dem Schichtdienst liegen.
Dieser ist, so arbeitswissenschaftlich absurd, wie er bei fast allen Polizeien gestaltet ist, längst überholt und zu Recht absolut unattraktiv. Es ist de facto nicht
möglich, ein Schichtmodell mit einer wöchentlich zu leistenden Arbeitszeit von
40 h zu konstruieren, in dem Gesundheit, Arbeitssicherheit und sozial nutzbare
Zeit in einem annehmbaren Verhältnis stehen. Bei allen Schichtmodellen der Polizeien, die Dienst rund um die Uhr abdecken und die 40 h oder mehr ableisten
müssen, werden die Gesundheit und die Arbeitssicherheit der Beschäftigten aufs

Spiel gesetzt, damit diese durch zu lange Arbeitszeiten und zu häufige Dienst-
antritte (die eine Regeneration verhindern) sozial nutzbare Freizeit bekommen.
Das machen viele der jungen Generation zu Recht nicht mehr mit. Eine längst
überfällige Möglichkeit, diesen gordischen Knoten zu durchschlagen, würde eine
belastungsorientierte wöchentliche Arbeitszeit bieten (Bürger, 2015; Bürger &
Nachreiner, 2019).

7.4   Dilemmata vordenken

Ein fertig ausgebildeter Polizeimeister, eine frisch gebackene Kommissarin
kommt zur*m Dienststellenleiter*in und will aus dem Schichtdienst raus, weil
dieser noch nicht belastungsadäquat angepasst wurde (vgl. Abschn. 7.3). Und
auch wenn das nicht direkt ausgesprochen wird, wenn das nicht funktioniert,
wird gekündigt. Gleiches gilt, wenn die Dienststelle zu weit von zu Hause weg
ist und man heimatnäher arbeiten möchte. Soll man auf eine solche »Erpressung«
eingehen? Man muss sie zumindest vordenken, denn diese Szenarien sind mittler-
weile Realität. Können wir es uns leisten, gut ausgebildete Kolleg*innen ziehen
zu lassen, oder gibt es nicht Bereiche mit Personalnot, die man als Alternativen
anbieten kann? Es nützt keinem etwas, wenn dann zwei Bereiche unter weniger
Personal zu leiden haben, deswegen ist es wichtig, Lösungen für solche Fälle
parat zu haben.

7.5   Führungskräfteentwicklung gestalten

Die Gewinnung von Führungsnachwuchs für den höheren Dienst stellt viele
Polizeien vor große Herausforderungen. Betrachtet man diesen Karriereweg aus
den Augen der jungen Generationen (EX-Design, vgl. 4) vermag dies nicht zu
überraschen. Die Hindernisse sind leicht zu identifizieren: die wahrgenommene
Entgrenzung der Arbeitszeit und folglich die fehlende Vereinbarkeit von Familie und Karriere, eng damit verknüpft die lokale Verteilung der entsprechenden
Dienstposten und die damit einhergehende Entfernung vom Wohnort. Darüber
hinaus: Viele mögliche Vorbilder leiden unter Überarbeitung, Erkrankung, Burnout, haben keine Zeit für die Familie aufgrund zahlreicher Verpflichtungen,
sind geschieden oder in Scheidung und es gibt zu wenig leicht zugängliche
Informationen über das Verfahren. Das alles wirkt abschreckend (Sarembe, 2023).
    Entsprechend muss sich jede Führungskraft bewusst machen, dass sie Vorbild
ist. Und wenn man Führungsnachwuchs will, muss man zeigen, dass

- Führung Sinn stiften und Spaß machen kann
- man eine positive Führungs- und Lernkultur etablieren kann
- man nicht 24/7 erreichbar sein muss
- man Rollenintegrität leben kann (nicht das Populäre tun, sondern das Richtige tun und das populär machen)
- man authentisch sein kann (insbesondere klare und ehrliche Kommunikation)
- man physisch gesund ist (und regelmäßig als Vorbild am Behördlichen Gesundheitsmanagement und Dienstsport teilnimmt)
- man psychisch gesund ist (und sich der Dienstherr um die Psychohygiene der Führungskräfte, z. B. durch verpflichtende Supervisionsangebote kümmert).

Wichtig ist zudem ein Mentoring/Coachingangebot. Der Weg in den höheren Dienst darf nicht nur ein Fordern sein, sondern die künftigen Führungskräfte sollten an die Hand genommen werden, ihnen muss erklärt werden, was von ihnen in der neuen Rolle erwartet wird und sie müssen dabei unterstützt werden, die erforderlichen Skills zu erlangen.

Letztlich ist es auch wichtig, den gesamten Prozess transparent darzulegen und insbesondere auch darauf einzugehen, was die künftigen Führungskräfte wissen möchten (EX-Design: gestalten mit und nicht für die Generation). Idealerweise wird dies davon ergänzt, dass man auch erleben kann, was Führungskräfte des höheren Dienstes in der Arbeit machen. »Shadowing« ist hier ein sehr geeigneter Ansatz und ermöglicht ein intensives Miterleben. Regelmäßige Stories über Instagram, wie es z. B. manche Führungskräfte der Polizei Niedersachsen mit offiziellen Accounts oder einige aus anderen Ländern mit inoffiziellen Accounts machen, ermöglichen das Teilen mit einem wesentlich breiteren Publikum, bei geringerer Intensität. Führung so erlebbar zu machen, ist zukunftsweisend, die GenZ ist es gewohnt, Menschen digital zu folgen.

7.6   Digitale Tools einsetzen

Die »Mobile Natives« sind es gewohnt, nahezu perfekt durchdachte Software auf ihren Smartphones, Tablets und Computern zu nutzen – etwas anderes setzt sich nicht durch. Entsprechend wichtig ist es, dass auch dienstlich solche Software zur Verfügung steht. So kann man in Bayern zum Beispiel schon mit dem dienstlichen iPhone Verkehrsordnungswidrigkeiten bearbeiten und fotografisch sichern, Ausweise einlesen und einiges mehr. Doch auch die Sachbearbeitungssoftware auf den PCs, das Programm zur Zeitplanung und -erfassung, einfach sämtliche

Software sollte über moderne Benutzeroberflächen verfügen und intuitiv zu bedienen sein. Das ist nicht nur der Anspruch der jungen Generation, es vermindert auch den Schulungsaufwand deutlich.

Ein zentraler Punkt ist zudem das Intranet. Dies ist bei den meisten Polizeien gestaltet, wie das Internet der 2000er Jahre und eine klassische 1:n Plattform (eine*r stellt ein, viele können lesen), die in der wirklichen Welt weder die GenX noch Z mehr nutzen würde, da keinerlei Interaktion möglich ist. Wichtig wäre ein individualisierbarer Informationshub mit Nachrichten und Informationen, die man teilen, kommentieren und liken kann und die Möglichkeit, selbst Informationen zu posten und Fragen zu stellen, die durch das anarchische Schwarmwissen beantwortet werden. Diese Art und Weise der Problemlösung sind die Zler durch die sozialen Medien gewohnt (Bundespolizei, 2017). Gibt es eine Möglichkeit, dies dienstlich zu tun, so muss man diese Frage nicht im Internet stellen – wie es regelmäßig bei großen Onlineplattformen geschieht.

Und durch eine Klarnamenpflicht muss niemand Angst haben, dass ein Post eines Präsidenten anonym negativ bewertet wird. Ein solch lebendiges Intranet bedient nicht nur die Erwartungen der Digital und Mobile Natives, sondern trägt zu zielgerichteteren Informationssteuerung bei, ermöglicht eine transparente polizeiinterne Kommunikations- und Rückmeldungsarchitektur und ist die Basis für ein modernes und sich interaktiv weiterentwickelndes Wissensmanagement.

7.7   Weiterbildung modernisieren

Weiterbildungsangebote haben einen hohen Stellenwert für die GenZ und sie nutzen dabei auch gerne digitale Angebote. Dabei ist es wichtig, nicht nur dienstliche Fortbildung im engeren Sinne anzubieten, sondern auch darüber hinaus Dinge, die zur Persönlichkeitsentwicklung beitragen, wie Formate zu gesellschaftlichen Entwicklungen, Zeitmanagement, Sprachkurse oder Angebote zur Erweiterung der interkulturelle Kompetenz. Entscheidend ist, dass diese möglichst kurz sind (lieber mehrere kurze »Lernnuggets«) und sich soweit möglich auch Gamification-Ansätze zunutze machen, sodass das Lernen mit spielerischen (Abfrage-)Elementen kombiniert wird. Auch könnte man für abgeschlossene Inhalte Punkte verteilen, die man gegen bestimmte Vor-Ort Fortbildungen einlösen kann. Letztlich ist es auch wichtig, dass die Fortbildungsinhalte individuell zugeschnitten werden können. Netflix und TikTok machen es vor: Die Nutzer*innen bekommen aus einem riesigen Angebot nur die Dinge angeboten, die zu deren Interessen passen. Eine dringend erforderliche Investition in die Zukunft, die zeitnah mit digital und methodisch sowie inhaltlich versiertem Personal und entsprechender digitaler Ressourcen (Bürger et al., 2022) angegangen werden muss. Gelingt es dem fachkundigen Personal dazu auch KI zu nutzen, werden derartige Fortbildungsformate bald kein Hexenwerk mehr sein.

7.8 Familie mitdenken

Familie und die engen Freunde sind für die Jungen die wichtigsten Bezugspersonen und auch entscheidende Ratgeber in Sachen Berufswahl (und dem Verbleib in einem Beruf). Entsprechend sollte man diese wichtigen Menschen soweit möglich berücksichtigen: Bei einem Familientag in der Pre-Boardingphase (vgl. Abschn. 5.2.1) oder indem man einen Family & Friends -Tag gestaltet, also ein Art »Tag der offenen Tür« auf einer Dienststelle, der aber nicht für jede*n zugänglich ist, sondern zu dem jede*r Mitarbeitende fünf Personen ihrer*seiner Wahl mitnehmen darf. Es bietet sich ebenfalls an, alle ein, zwei Jahre ein Fest auszurichten, bei dem man ein Familienmitglied mitnehmen darf. Auch Weihnachtskarten explizit an die Familie verfehlen ihre Wirkung nicht. Und wenn Eltern und Freunde die Arbeit und die Atmosphäre gut finden, werden sie die jungen Kolleg*innen in ihrer Entscheidung bestärken, dort weiterzuarbeiten.

7.9 Umweltschutz leben

Umweltschutz ist für die GenZ wichtig, sie haben nicht zu Unrecht Angst davor, dass wir alle ihnen einen unbewohnbaren Planeten hinterlassen. Deswegen ist es auch als Polizei wichtig, sich diesem Thema anzunehmen. Die Bayerische Bereitschaftspolizei hat beispielsweise bereits vor Jahren einen wichtigen Schritt getan: Es gibt dort keine eingeschweißte Einsatzverpflegung in Plastikbeuteln mehr, sondern jeder hat ein zugewiesenes hochwertiges Edelstahlgeschirr und verschließbare Behältnisse, die nach eigenem Gusto in der Kantine gefüllt werden können. So wurden enorme Mengen an Abfall eingespart, an Plastik, aber auch an Lebensmitteln, die nicht gegessen wurden (oder nicht in die Ernährungsgewohnheiten der Jungen passen). Wenn man dies auch noch gut öffentlich darstellt, wie es beispielsweise das USK Dachau in einem selbst produzierten Film getan hat,[2] ist dies ein Volltreffer auf mehreren Ebenen: gelungene (weil authentische und

---

[2] https://www.docbb.de/umwelt.

nicht von einer Agentur produzierte) Nachwuchswerbung, die auch der Öffent-
lichkeit und gerade der Jugend zeigt, dass wir an uns und unserer Umweltbilanz
arbeiten.

Fazit: Überfällige Veränderungen wagen

Die Generationen Z und Alpha sind unsere Zukunft – in allen Bereichen der Gesellschaft und der Arbeitswelt. Und es ist, wie eingangs aufgezeigt, völlig natürlich, dass eine neue Generation sich verändert und anders verhält als ihre Elterngeneration. Wenn man an den Kern ihrer »Forderungen« geht, sind die Motive doch nachvollziehbar: das Leben genießen und insbesondere viel Zeit mit den echten Freunden und der Familie verbringen. Und das im Kontrast zu dem, was wir Älteren machen: sozialisiert, um mit Leib und Seele in der Arbeit aufzugehen, bei manchen, »zu hackeln bis zum Umfallen«. Und nicht nur aus Zwang, sondern oft auch aus konditioniertem Spaß an der Arbeit – auf Kosten des Privatlebens und der Zeit mit Freunden, der*m Partner*in oder den Kindern. Soll das normal und erstrebenswert sein? Von daher ist unsere Prognose, dass die Zler in der Arbeitswelt zu einer Korrektur der von den Boomern und Xlern aufgebauten extremen Leistungsgesellschaft beitragen werden. Es wird wahrscheinlich zu einem Kompromiss kommen, man wird sich irgendwo in der Mitte treffen, bei der Produktivität und Freizeit in einem organisational, wirtschaftlich und gesellschaftlich verträglichem Maß gegeneinander abgewogen sind.

Doch damit dies auch bei den Polizeien gelingen kann, müssen wir uns weiterentwickeln (vgl. Abb. 8.1):

© Der/die Autor(en), exklusiv lizenziert an Springer Fachmedien Wiesbaden GmbH, ein Teil von Springer Nature 2024
B. Bürger und H. Ellner, *Generation Z und Alpha*, essentials,
https://doi.org/10.1007/978-3-658-44189-0_8

Abb. 8.1 Strategische Organisationsentwicklung. (Eigene Darstellung; Bild „Zukunft" wurde KI-generiert und dann manuell weiterbearbeitet)

8.1 Aktive Organisationsentwicklung

Wir müssen die Bedürfnisse der jungen Arbeitnehmer*innen aufgreifen, sie als Impulse zur Weiterentwicklung verstehen und ernsthaft beginnen, unsere Organisation von Grund auf zu überdenken – und das fortlaufend, an die Dynamiken der gesellschaftlichen Entwicklungen angepasst. Die Lage am Arbeitsmarkt wird sich weiter verschärfen, daher ist es überhaupt keine Frage, ob Anpassungen erforderlich sind, nur ob sie früh genug beginnen, um vor die Lage zu kommen und agieren zu können, statt reagieren zu müssen. Viel Zeit ist nicht mehr!

Man könnte den Eindruck gewinnen, die Polizeien wären ein Bewusstloser am Boden mit inneren Blutungen und aktuell versucht man, dem Bewusstlosen ein Permanent-Make-up zu verpassen. Dann schaut man zwar besser aus, hat aber am eigentlichen Problem nichts geändert. Deswegen genügt es nicht, nur bessere

Werbevideos zu drehen oder #amtfluencer zuzulassen. Es ist erforderlich, dass die Polizeien anfangen, Grundsätzliches zu hinterfragen. Sind die bisherigen Aufgabenzuschnitte zukunftsfähig? Sind die gewohnten, etablierten oder vorgegebenen Prozesse sinnvoll (vgl. Sinnhaftigkeit bei Abschn. 4.3.2), sind diese auch insoweit skalierbar, dass sie auch künftig mit gleichbleibender oder gar geringerer Personalstärke erledigt werden können? Welche Anforderungen (eine davon ist der Arbeitsmarkt) kommen auf die Polizeien 2030, 2040 zu und sind sie entsprechend vorbereitet? Auch bei den Arbeitszeitmodellen müssen gewohnte Pfade verlassen und »Outside-the-Box« gedacht werden (vgl. Abschn. 7.3).

Die größte Herausforderung dabei ist die kaum vorhandene Agilität der Polizeien, die aufgrund der schieren Organisationsgröße sowie immer noch stark hierarchisch geprägter Prozesse ähnlich flexibel sind wie Eisenbahnschienen. Und der erste Reflex auf die hier angeführten Veränderungserfordernisse ist in der Regel Ablehnung: Das haben wir noch nie so gemacht, das ist nichts für die Polizei, das klappt bei uns nicht. Doch reflexhafte Ablehnung von Ideen zur Organisationsentwicklung können wir uns im Hinblick auf die Arbeitsmarktsituation und deren Entwicklung nicht mehr leisten! Wir müssen alle Optionen auf den Tisch legen und durchdenken. Und wenn man diese ganzen verrückten Ideen bis zum Ende durchgedacht und alle Risiken und Nebenwirkungen abgewogen hat, dann kann man solche Ideen ablehnen. Zielführend wäre es, dazu eigene Teams »Zukunftsorientierte Qualitätsentwicklung«, eine Art von Think Tank bei den Polizeien zu etablieren, die sich nicht mit den zahlreichen aktuellen Herausforderungen auseinandersetzen müssen, wie die Ministerien, sondern explizit Vorschläge für eine Weiterentwicklung der Polizeiorganisationen auf Grundlage fundierter Prognosen und interdisziplinärer Analysen machen.[1]

---

[1] Einen ähnlichen Think Tank (der allerdings nicht bei der Polizei installiert ist, sondern unabhängig davon agiert) gibt es in UK: https://www.police-foundation.org.uk.

8.2   Gelungene Führung

Damit Organisationsentwicklung gelingen kann, bedarf es auch eines funktionieren den Wissenstransfers zwischen den Generationen. Gelebtes Wissensmanagement kann die Generationen zusammenführen, Führung könnte vorgelebt und
erfahrbar gemacht werden, erhaltenswerte Traditionen könnten mit Sinn gefüllt
werden. Es bedarf Generationengerechtigkeit und Förderung aller Generationen,
um die Gegenwart und Zukunft der Führung zielführend zu gestalten (Eberhardt,
2021). Dabei bildet die Bereitschaft aller beteiligten Generationen, Perspektiven
zu wechseln und Anderssein zuzulassen, die Basis für eine lernende Organisation.

Anerkennende und wertschätzende, also gelungene Führung, ist von zentraler
Bedeutung: „Vorgesetzte sollten den Namen ihrer Mitarbeiter kennen", „Vorgesetzte, die sich für den einzelnen interessieren", „Fleiß und Leistung belohnen
bzw. überhaupt lohnenswert machen" (Ellner & van Ophysen, 2021, S. 1). Denn
während wir Älteren häufig schon mal richtig schlechte Chefs hatten, dann die
Zähne zusammengebissen und die Situation ausgesessen haben – das machen die
Jungen nicht mehr, sie kündigen. Das müssen wir verstehen und in der Füh-
rungsarbeit danach handeln: Wir müssen sie coachen, sie unterstützen, ihnen mit
konstruktiver Kritik helfen.

Und das lässt sich häufig nicht mit den Situationen vereinbaren, in der sich
viele Führungskräfte befinden. Sie sind mit administrativen, organisatorischen
und rechtlichen Problemstellungen ausgelastet. Sie müssen oft mehrere Führungs-
aufgaben parallel wahrnehmen, sind häufig in Meetings gebunden (von denen die
Hälfte eine Email hätte sein können). Was dann fehlt, ist die Zeit sich mit dem
einzelnen Menschen auseinanderzusetzen und auf ihn einzugehen.

Wie kann Führung trotz Zeitknappheit dann gelingen? Wenn Führungskräften
einen positiv konnotierten Führungsstil, mit dem Menschen im Mittelpunkt auf
einer wertebasierten Grundlage **auf allen Ebenen** vor- und erleben und dies zur
höchsten Priorität erklären: Mitarbeiter*innen (und somit auch Führungskräfte)
first. Dann wird es uns nicht nur gelingen, die Jungen bei uns zu halten – sondern
auch die älteren Generationen werden sich darüber freuen!

8.3   Danke

Seien wir den jungen Generationen dankbar, dass sie diesen längst überfälligen
Wandel angestoßen haben, der Arbeit für uns alle ein Stückchen lebens- und
liebenswerter machen wird. Und herzlichen Dank an alle Polizist*innen, die Tag
und Nacht und auch unter widrigsten Bedingungen unser aller Leben so sicher
machen und unsere Demokratie schützen.

Was Sie aus diesem *essential* mitnehmen können

- ein reflektiertes Verständnis über den Generationenbegriff und die jungen Generationen
- klar strukturierte praktische Tipps zu Recruiting und Boarding, zur Gestaltung der Ausbildung und zur Mitarbeiterbindung
- strategische Vorschläge zu einer zukunftsfähigen Organisationsweiterentwicklung

Literatur

4 Day Week. (2023). *Research*. 4 Day Week Global. https://www.4dayweek.com/research.

Arnold, R., & Erpenbeck, J. (2021). *Wissen ist keine Kompetenz: Dialoge zur Kompetenzreifung*. Schneider Verlag.

BIBB. (2023). *Vertragslösungsquote in der dualen Berufsausbildung auf neuem Höchststand*. https://www.bibb.de/de/pressemitteilung_182669.php.

BMDV. (2022). *BMDV – Strukturdatenprognose 2030*. https://bmdv.bund.de/SharedDocs/DE/Artikel/G/strukturdatenprognose-2030.html.

Boers, E., Afzali, M. H., Newton, N., & Conrod, P. (2019). Association of screen time and depression in adolescence. *JAMA Pediatrics, 173*(9), 853. https://doi.org/10.1001/jamapediatrics.2019.1759.

Bundespolizei. (2017). Wie sich die Bundespolizei auf die Lebenswirklichkeit einer neuen Generation einstellen muss. *Bundespolizei kompakt, 02*(2017), 23.

Bürger, B. (2015). *Arbeitszeitmodelle für den Streifendienst der Polizei: Eine interdisziplinäre Analyse am Beispiel der Bayerischen Polizei*. Verl. für Polizeiwiss.

Bürger, B. (2020). #instacops. Als Polizist privat bei Instagram? *Deutsche Polizei, 06/20*, 20–24.

Bürger, B., Dillinger, S., & Weber, A. (2022). Chancen und Herausforderungen digitaler Fortbildung: Eine Analyse am Beispiel des Fortbildungsinstituts der Bayerischen Polizei. In D. Wehe & H. Siller (Hrsg.), *Handbuch Polizeimanagement* (S. 1–16). Springer Fachmedien. https://doi.org/10.1007/978-3-658-34394-1_67-1.

Bürger, B., & Nachreiner, F. (2019). Erkenntnisse zu Belastung und Beanspruchung im Wach- und Wechselschichtdienst der Polizei. Ausgangslage, Folgen und Gestaltungsbedarf. In A. Fischbach & P. Lichtenthaler (Hrsg.), *Gesundheit in der Polizei* (S. 49–94). Verlag für Polizeiwissenschaft.

Bürger, B., & Weibler, J. (2022). Digitale Führung bei der Polizei. In D. Wehe & H. Siller (Hrsg.), *Handbuch Polizeimanagement* (S. 1–17). Springer Fachmedien Wiesbaden. https://doi.org/10.1007/978-3-658-34394-1_81-1.

Calmbach, M. (2023). Wie ticken Jugendliche? Das Sinus-Modell für jugendliche Lebenswelten in Deutschland. In B. Barth, B. B. Flaig, N. Schäuble, & M. Tautscher (Hrsg.), *Praxis der Sinus-Milieus®* (S. 113–131). Springer Fachmedien Wiesbaden. https://doi.org/10.1007/978-3-658-42380-3_7.

Costanza, D. P., Rudolph, C. W., & Zacher, H. (2023). Are generations a useful concept? *Acta Psychologica, 241*, 104059. https://doi.org/10.1016/j.actpsy.2023.104059.

deutschlandfunk.de. (2018). *Suchtforscher über Online-Abhängigkeit—Süchtig nach schneller Belohnung und mehr Selbstwertgefühl.* Deutschlandfunk. https://www.deutschlandf unk.de/suchtforscher-ueber-online-abhaengigkeit-suechtig-nach-100.html.

Döring, K. W. (2008). *Handbuch Lehren und Trainieren in der Weiterbildung.* Beltz.

Dyrna, J., Riedel, J., Schulze-Achatz, S., & Köhler, T. (Hrsg.). (2021). *Selbstgesteuertes Lernen in der beruflichen Weiterbildung: Ein Handbuch für Theorie und Praxis.* Waxmann.

Eberhard, V. (2006). *Das Konzept der Ausbildungsreife—Ein ungeklärtes Konstrukt im Spannungsfeld unterschiedlicher Interessen Ergebnisse aus dem BIBB.* BIBB.

Eberhardt, D. (2021). *Generationen zusammen führen: Mit Generation X, Y, Z und Babyboomern die Arbeitswelt gestalten.* Haufe.

Ebner, M. (2019). *Positive Leadership: Erfolgreich führen mit PERMA-Lead: Die fünf Schlüssel zur High Performance: Ein Handbuch für Führungskräfte, Personalentwickler und Trainer* (1. Aufl.). Facultas.

Edelmann, W. (2000). *Lernpsychologie* (6. Aufl.). BeltzPVU.

Ellner, H. (2023). *Was sollte eine PKAin aus der Schule mitbringen?*

Ellner, H., & Starke-Handzlik, M. (2023). *202311_Kriterien_Ausbildung_23II.*

Ellner, H., & van Ophysen, U. (2021). *Führung_Ergebnisse*

Engelhardt, M., & Engelhardt, N. (2019). *Wie tickst du? Wie ticke ich?: Von Babyboomer bis Z.* hep Verlag.

ESCP, European Center for Digital Competitiveness by ESCP Business School (Hrsg.). (2021). *Digitalreport 2021.* https://digital-competitiveness.eu/wp-content/uploads/Digita lreport_2021-2.pdf.

Gilfert, A. (2015, 2022). *Unterwegs in der Arbeitswelt: 5000 Jahre Kritik an Jugendlichen – Eine sichere Konstante in Gesellschaft und Arbeitswelt.* https://bildungswissenschaftler. de/5000-jahre-kritik-an-jugendlichen-eine-sichere-konstante-in-der-gesellschaft-und-arb eitswelt/.

Gillies, C. (2023). Anziehende Arbeit. *managerSeminare, 306*, 26–33.

Hardeland, H., & Berger-Riesmeier, M. (2021). *»Kein Bock auf Lernen?« – 50 Karten zur Selbstmotivation.* Beltz.

Hohenberger, T., & Bürger, B. (2024). Die Generation Z bei der Polizei. Mit Sicherheit anders oder doch völlig normal? *SIAK Journal, 1/2024,* !FEHLT NOCH!

Holzkamp, K. (1995). *Lernen: Subjektwissenschaftliche Grundlegung.* Campus Verlag.

Hörmann, T. (2022). *Früher undenkbar, heute Alltag: Immer mehr Kündigungen bei der Polizei.* Tiroler Tageszeitung Online. https://www.tt.com/artikel/30836276/frueher-und enkbar-heute-alltag-immer-mehr-kuendigungen-bei-der-polizei.

Hurrelmann, K. (2018). Generation Z: Nicht ohne meine Eltern! *Die Zeit.* https://www.zeit. de/2018/48/genereration-z-berufsleben-karriere-gesellschaft-zukunft.

IWD. (2023, November 3). *Fluktuation: Zurück aus dem Coronatief.* iwd. https://www.iwd. de/artikel/fluktuation-starke-wirtschaft-fuehrt-zu-mehr-jobwechseln-401583/.

Jarolimek, S., Rittig, S., Stumpen, H. A., & Tamborini, Y. (2023). *Polizei und Social Media: Rechtliche Grundlagen, Öffentlichkeitsarbeit und private Nutzung* (1. Aufl.). Richard Boorberg Verlag.

Maas, R. (2021). *Neueste Generationenforschung in ökonomischer Perspektive: Reichen Generation X, Y, Z zur Beschreibung der Wirklichkeit aus?* W. Kohlhammer GmbH.

Maas, R. (2023a). *Generation Alpha: Wie sie tickt und wie Unternehmen sich darauf einstellen sollten* (1. Aufl.). KG: Carl Hanser Verlag GmbH & Co.

Maas, R. (2023b). *Generation Z für Personalmanagement und Führung: Ergebnisse der Generation-Thinking-Studie*. Carl Hanser Verlag GmbH & Co KG.

Mannheim, K. (1964). Das Problem der Generationen. In K. Mannheim (Hrsg.), *Wissenssoziologie* (S. 509–656). Luchterhand.

OECD (Hrsg.). (2020). *OECD Lernkompass 2030*. https://www.oecd.org/education/2030-project/contact/OECD_Lernkompass_2030.pdf.

Primack, B. A., Shensa, A., Sidani, J. E., Escobar-Viera, C. G., & Fine, M. J. (2021). Temporal associations between social media use and depression. *American Journal of Preventive Medicine, 60*(2), 179–188. https://doi.org/10.1016/j.amepre.2020.09.014.

Sarembe, R. (2023). *Karriereziele im Wandel: Gründe für und gegen eine Bewerbung um den Aufstieg in die 4. Qualifikationsebene der Bayerischen Polizei – eine empirische Analyse.* http://93.240.132.23/onlinedokumente/masterarbeiten/2023/Sarembe_Raphael.pdf.

Sauter, W. (2017). *Rolf Arnold: Entlehrt euch! Ausbruch aus dem Vollständigkeitswahn.* https://www.socialnet.de/rezensionen/23139.php

Schell, S. (2023). *Tweet vom 01.04.2023* . https://twitter.com/_SabrinaSchell/status/1642117942312574978.

Schmelzer, A., & Ellner, H. (2023). Integration neuer Mitarbeiter*innen: Ein Gemeinschaftsprojekt in der und für die Bundespolizei. In D. Wehe & H. Siller (Hrsg.), *Handbuch Polizeimanagement: Polizeipolitik – Polizeiwissenschaft – Polizeipraxis* (S. 1227–1240). Springer Fachmedien. https://doi.org/10.1007/978-3-658-34388-0_69.

Schnetzer, S., Hampel, K., & Hurrelmann, K. (2023). *Trendstudie Jugend in Deutschland. 2023 Sonderedition mit Generationenvergleich.*

Scholz, C. (2014). *Generation Z: Wie sie tickt, was sie verändert und warum sie uns alle ansteckt.* Wiley-VCH Verlag GmbH & Co. KGaA. https://ebookcentral.proquest.com/lib/zbw/detail.action?docID=1834000.

Simon, F. B. (2015). *Einführung in Systemtheorie und Konstruktivismus.* Carl-Auer Verlag GmbH.

Statista. (2023, Juni 22). *Bevölkerung in Deutschland nach Generationen 2022.* https://de.statista.com/statistik/daten/studie/1130193/umfrage/bevoelkerung-in-deutschland-nach-generationen/.

Strauss, W., & Howe, N. (1991). *Generations: The history of America's future, 1584 to 2069* (1st Quill ed). Quill.

SZ, S. Z. (2022). *Polizei klagt über unfitte Bewerber beim Sporttest.* Süddeutsche.de. https://www.sueddeutsche.de/bayern/polizei-muenchen-polizei-klagt-ueber-unfitte-bewerber-beim-sporttest-dpa.urn-newsml-dpa-com-20090101-221104-99-380044.

von Cranach, X. (2023). *Generationenkonflikt: Ewig kämpfen die Generationen.* https://www.zeit.de/zeit-magazin/leben/2021-08/generationenkonflikt-boomer-millenials-generation-z-psychologie-alter.

Wunderlich, Curt. (2021, Dezember 23). *Generation Jobwechsel: Droht Deutschland die große Kündigungswelle? – WELT.* DIE WELT. https://www.welt.de/wirtschaft/plus235712962/Generation-Jobwechsel-Droht-Deutschland-die-grosse-Kuendigungswelle.html.

Printed in the United States
by Baker & Taylor Publisher Services